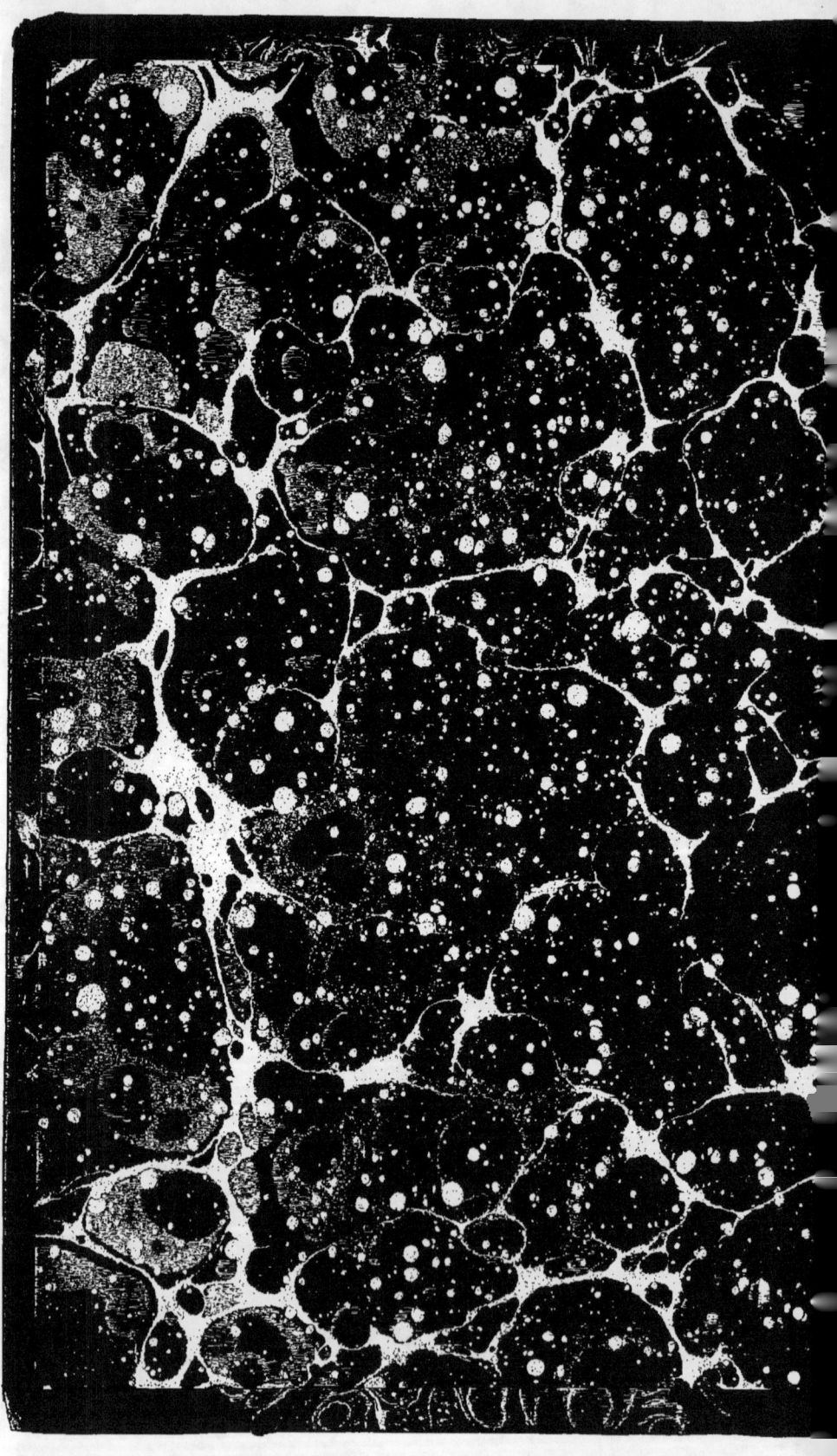

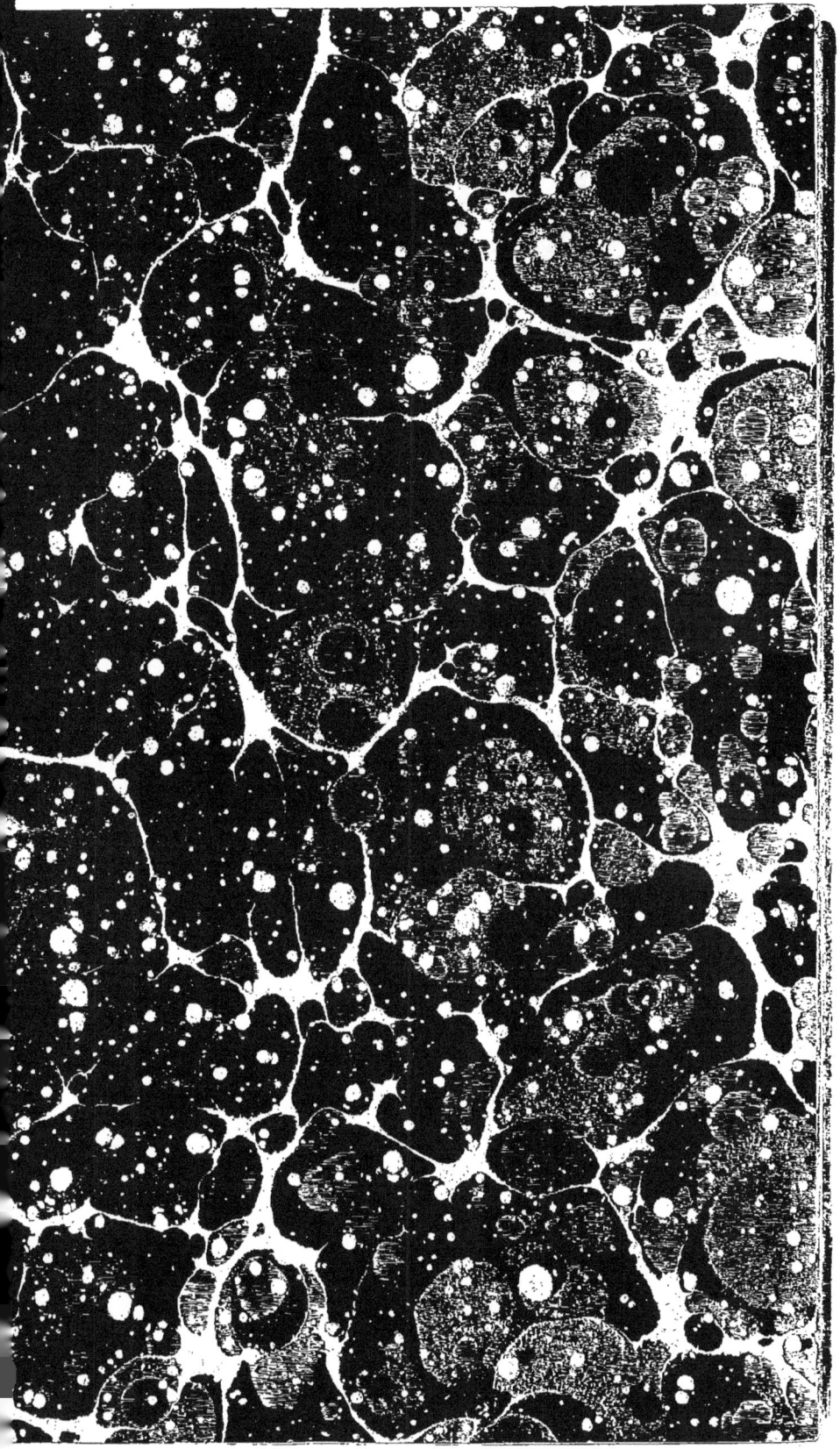

27.7.13

OEUVRES

DE

H. DE BALZAC.

Fontainebleau, Imprimerie de E. Jacquin.

LE
CABINET DES ANTIQUES

SCÈNE DE LA VIE DE PROVINCE.

SUIVIE DE

GAMBARA.

PAR

H. DE BALZAC.

II

PARIS,

HIPPOLYTE SOUVERAIN, ÉDITEUR
DE H. DE BALZAC, F. SOULIÉ, J. LECOMTE, A. BROT, etc.
RUE DES BEAUX-ARTS, 5.

1839.

CHAPITRE VII.

LE JUGE D'INSTRUCTION.

Maintenant, en expliquant la vie intérieure du juge d'instruction Camusot, peut-être apercevra-t-on les raisons qui permettaient à Chesnel de considérer ce jeune magistrat comme acquis aux d'Esgrignon, et qui lui avaient donné la hardiesse de le suborner en pleine rue.

Camusot, fils aîné d'un riche marchand de

soieries de la rue des Bourdonnais, objet de l'ambition de sa famille, avait été destiné par elle à la magistrature. En épousant sa femme, il avait épousé la protection d'un huissier du cabinet du roi, protection sourde mais efficace, qui lui avait déjà valu sa nomination de juge et, plus tard, celle de juge d'instruction. Il n'avait pas eu plus de mille écus de rente constitués par ses père et mère à son contrat, mademoiselle Thirion ne lui avait pas apporté plus de vingt mille francs de dot, c'était donc un pauvre ménage que le sien, car les appointemens d'un juge en province ne s'élèvent pas au-dessus de quinze cents francs. Cependant les juges d'instruction ont un supplément d'environ mille francs à raison des dépenses et des travaux extraordinaires de leurs fonctions. Malgré les fatigues qu'elles donnent, ces places sont assez enviées; mais elles sont révocables; aussi madame Camusot venait-elle de gronder son mari pour avoir découvert sa pensée au président.

Marie-Cécile-Amélie Thirion, depuis trois ans de mariage, s'était aperçue de la bénédiction de Dieu par la régularité de deux accouchemens heureux, une fille et un garçon. Elle suppliait Dieu de ne plus la tant bénir. Encore quelques bénédictions, et sa gêne deviendrait misère. La fortune de monsieur et madame Camusot devait se faire long-temps attendre. D'ailleurs cette riche succession ne pouvait pas donner plus de huit ou dix mille francs de rente à chacun des quatre héritiers. Puis, quand se réaliserait ce que tous les faiseurs de mariage appellent *des espérances*, le juge n'aurait-il pas des enfans à établir. Chacun concevra donc la situation d'une petite femme pleine de sens et de résolution, comme était madame Camusot. Elle avait trop bien senti l'importance d'un faux pas fait par son mari dans sa car-

rière, pour ne pas se mêler des affaires judi-
ciaires.

Enfant unique d'un ancien serviteur du roi
Louis XVIII, un valet qui l'avait suivi en Italie, en Courlande, en Angleterre, et que le
Roi avait récompensé par la seule place qu'il
pût remplir, celle d'huissier de son cabinet par
quartier, Amélie avait reçu chez elle comme un
reflet de la Cour. Son père lui dépeignait les
grands seigneurs, les ministres, les personnages qu'il annonçait, introduisait, et voyait
passer et repasser. Élevée comme à la porte des
Tuileries, cette jeune femme avait donc pris une
teinture des maximes qui s'y pratiquent, et
adopté le dogme de l'obéissance absolue au
pouvoir. Aussi avait-elle sagement jugé qu'en
se rangeant du côté des d'Esgrignon, son mari
plairait à madame la duchesse de Maufrigneuse, à deux puissantes familles desquelles
son père s'appuierait, en un moment opportun,

auprès du Roi. A la première occasion, Camusot pouvait être nommé juge à Paris. Cette promotion rêvée, désirée à tout moment, apportait six mille francs d'appointemens, les douceurs d'un logement chez son père ou chez les Camusot, et tous les avantages des deux fortunes paternelles. Si l'adage : *loin des yeux, loin du cœur*, est vrai pour la plupart des femmes, il est vrai surtout en fait de sentimens de famille et de protections ministérielles ou royales. De tout temps les gens qui servent personnellement les rois font très bien leurs affaires : on s'intéresse à un homme, fut-ce un valet, en le voyant tous les jours.

Madame Camusot, qui se considérait comme de passage, avait pris une petite maison dans la rue du Cygne ; la ville n'était pas assez passante pour que l'industrie des appartemens garnis s'y exerçât, et ce ménage n'était pas assez riche pour vivre dans un hôtel,

comme monsieur de Grandville. La Parisienne
avait donc été obligée d'accepter les meubles du
pays. La modicité de ses revenus l'avait obligée
à prendre une maison remarquablement laide,
mais qui ne manquait pas d'une certaine naïveté de détails. Appuyée à la maison voisine
de manière à présenter sa façade à la cour,
elle n'avait à chaque étage qu'une fenêtre sur
la rue. La cour, bordée dans sa largeur par
deux murailles ornées de rosiers et d'alater-
nes, avait au fond, en face de la maison, un
hangar assis sur deux arcades en briques.
Une petite porte bâtarde donnait entrée à
cette sombre maison, encore assombrie par
un grand noyer planté au milieu de la cour.
Au rez-de-chaussée, où l'on montait par
un perron à doubles marches et à balustra-
des en fer très ouvragé, mais rongé par la
rouille, se trouvait sur la rue, une salle à
manger, et de l'autre côté la cuisine. Le fond du

corridor qui séparait ces deux chambres était oc-
cupé par un escalier en bois. Le premier étage
ne se composait que de deux pièces, dont l'une
servait de cabinet au magistrat, et l'autre de
chambre à coucher. Le second étage en man-
sarde contenait également deux chambres, une
pour la cuisinière et l'autre pour la femme-de-
chambre qui gardait avec elle les enfans. Aucune
pièce de la maison n'avait de plafond, toutes
présentaient ces solives blanchies à la chaux,
dont les entre-deux sont plafonnés en bourre.
Les deux chambres du premier étage et la salle
d'en bas avaient de ces lambris à formes con-
tournées, où s'est exercée la patience des me-
nuisiers du dernier siècle. Ces boiseries, pein-
tes en gris sale, étaient du plus triste aspect.
Le cabinet du juge était celui d'un avocat de province : un grand bureau et un fauteuil d'acajou, la bibliothèque de l'étudiant en
droit, et ses meubles mesquins apportés de Pa-

ris. La chambre de madame était indigène : elle avait des ornemens bleus et blancs, un tapis, un de ces mobiliers hétéroclites qui semblent à la mode et qui sont tout simplement les meubles dont les formes n'ont pas été adoptées à Paris. Quant à la salle du rez-de-chaussée, elle était ce qu'est une salle en province, nue, froide, à papiers de tenture humides et passés.

C'était dans cette chambre mesquine, sans autre vue que celle de ce noyer, de ces murs à feuillages noirs et de la rue presque déserte, que passait toutes ses journées, une petite femme assez vive et légère, habituée aux plaisirs, au mouvement de Paris, seule, la plupart du temps, ou recevant des visites ennuyeuses et sottes qui lui faisaient préférer sa solitude à des caquetages vides, où le moindre trait d'esprit auquel elle se laissait aller, donnait lieu à d'interminables commentaires et envenimait sa situation. Occupée de ses enfans, moins par goût que pour mettre un intérêt dans sa vie presque solitaire, elle ne pouvait exercer sa pensée que sur les intrigues qui se nouaient autour d'elle, sur les menées des gens de province, sur leurs ambitions enfermées dans des cercles étroits, aussi pénétrait-elle promptement des mystères auxquels ne songeait pas son mari. Son hangar plein de bois, où souvent sa femme-de-chambre faisait des savonnages, n'était pas ce qui frappait ses regards, quand, assise à la fenêtre de sa chambre, elle tenait à la main quelque broderie interrompue, elle contemplait Paris, où tout est plaisir, où tout est plein de vie, elle en rêvait les fêtes et pleurait d'être dans cette froide prison de province. Elle se désolait d'être dans un pays paisible, où jamais il n'arriverait ni conspiration, ni grande affaire. Elle se voyait pour long-temps sous l'ombre de ce noyer.

Madame Camusot était une petite femme,

grasse, fraîche, blonde, ornée d'un front très
busqué, d'une bouche rentrée, d'un menton
relevé, traits que la jeunesse rendait suppor-
tables, mais qui devaient lui donner de bonne
heure un air vieux. Ses yeux vifs et spirituels,
mais qui exprimaient un peu trop son inno-
cente envie de parvenir, et la jalousie que lui
causait son infériorité présente, allumaient
comme deux lumières dans sa figure com-
mune et la relevaient. Elle usait de beaucoup
d'industrie pour sa toilette, elle inventait des
garnitures, elle se les brodait, elle méditait ses
atours avec sa femme-de-chambre venue avec
elle de Paris, et maintenait ainsi la réputation
des Parisiennes en province. Sa causticité la
rendait redoutable, elle n'était pas aimée.

Avec cet esprit fin et investigateur qui dis-
tingue les femmes inoccupées, obligées d'employer leur journée, elle avait fini par découvrir les opinions secrètes du président, aussi

conseillait-elle depuis quelque temps à Camusot de lui déclarer la guerre. L'affaire du jeune comte était une excellente occasion. Avant de venir en soirée chez monsieur du Croisier, elle n'avait pas eu de peine à démontrer à son mari, qu'en cette affaire, le substitut allait contre les intentions de ses chefs. Le rôle de Camusot était de se faire un marche-pied de ce procès criminel, en favorisant la maison d'Esgrignon, bien autrement puissante que le parti du Croisier.

—Sauvager n'épousera jamais mademoiselle Duval qu'on lui aura montrée en perspective, il sera la dupe des Machiavels du Val-Noble, auxquels il va sacrifier sa position. Camusot, cette affaire si malheureuse pour les d'Esgrignon et si perfidement entamée par le président au profit de du Croisier, ne sera favorable qu'à toi.

Cette rusée Parisienne avait également deviné les manœuvres secrètes du président auprès de Blandureau, et les motifs qu'il avait pour déjouer les efforts du vieux Blondet; mais elle ne voyait aucun profit à éclairer le fils ou le père sur le péril de leur situation; elle jouissait de cette comédie commencée, sans se douter de quelle importance pouvait être le secret surpris par elle de la demande faite aux Blandureau par le successeur de Chesnel en faveur de Félicien du Ronceret. Dans le cas où la position de son mari serait menacée par le président, elle devait devenir dangereuse en éveillant l'attention de l'horticulteur sur le rapt projeté de la fleur qu'il voulait transplanter chez lui.

Sans pénétrer, comme madame Camusot, les moyens par lesquels du Croisier et le président avaient gagné le premier substitut, Chesnel, en examinant ces diverses existences et ces intérêts groupés autour des fleurs-delys du tribunal, compta sur le procureur du Roi, sur Camusot et sur monsieur de Grandville. Deux juges pour les d'Esgrignon paralysaient tout. Enfin, le notaire connaissait trop bien les désirs du vieux Blondet pour ne pas savoir que si son impartialité pouvait fléchir, ce serait pour l'œuvre de toute sa vie, pour la nomination de son fils à la place de juge-suppléant. Ainsi Chesnel s'endormit plein d'espérance en se promettant d'aller voir monsieur Blondet, et de lui offrir de réaliser les espérances qu'il caressait depuis si long-temps, en l'éclairant sur les perfidies du président du Ronceret. Après avoir gagné le vieux juge, il irait parlementer avec le juge d'instruction auquel il espérait pouvoir prouver, sinon l'innocence, au moins l'imprudence de Victurnien, et réduire l'affaire à une simple étourderie de jeune homme.

CHAPITRE VIII.

CHAPTER VIII.

BATAILLE JUDICIAIRE.

Chesnel ne dormit ni paisiblement ni long-
temps. Avant le jour, sa gouvernante l'éveilla
pour lui présenter le plus séduisant personnage de cette histoire, le plus adorable jeune
homme du monde, madame de Maufrigneuse,
venue seule en calèche, et habillée en
homme.

— J'arrive pour le sauver ou pour périr
avec lui, dit-elle au notaire qui croyait rê-

ver. J'ai cent mille francs que le Roi m'a donnés
sur sa cassette pour acheter l'innocence de Victurnien, si son adversaire est corruptible. Si
nous échouons, j'ai du poison pour le soustraire à tout, même à l'accusation. Mais nous
n'échouerons pas. Le procureur du roi que
j'ai fait avertir de ce qui se passe me
suit ; il n'a pu venir avec moi, il a voulu
prendre les ordres du garde-des-sceaux.

Chesnel rendit scène pour scène à la duchesse : il s'enveloppa de sa robe de chambre et
tomba à ses pieds, qu'il baisa, non sans demander pardon de l'oubli que la joie lui faisait
commettre.

— Sauvés ! nous sommes sauvés, criait-il
tout en donnant des ordres à Brigitte pour
qu'elle préparât ce dont pouvait avoir besoin
la duchesse après une nuit passée à courir la
poste.

Il fit un appel au courage de la belle

Diane, en lui démontrant la nécessité d'aller chez le juge d'instruction au petit jour, afin que personne ne fût dans le secret de cette démarche, et ne pût même présumer que la duchesse de Maufrigneuse fût venue.

— N'ai-je pas un passeport en règle, dit-elle en lui montrant une feuille où elle était désignée comme monsieur le vicomte Félix de Vandenesse, maître des requêtes et secrétaire particulier du Roi. Ne sais-je pas bien jouer mon rôle d'homme ? reprit-elle en rehaussant les faces de sa perruque à la Titus et agitant sa cravache. Postillon, en avant, dit-elle en grossissant sa voix. Faut-il que je jure, que je sacre, que je fume ? Je fumerais, jurerais, sacrerais pour sauver ce malheureux enfant.

— Ah ! madame la duchesse, vous êtes un ange ! s'écria Chesnel les larmes aux yeux. Boutonnez votre redingote, enveloppez-vous jusqu'au nez dans votre manteau, prenez mon

bras, et courons chez monsieur Camusot, avant
que personne ne puisse nous rencontrer.

— Je verrai un homme qui s'appelle Camusot ? dit-elle.

— Et qui a le nez de son nom, répondit
Chesnel.

Quoiqu'il eût la mort au cœur, le vieux notaire jugea nécessaire d'obéir à tous les ca-
prices de la duchesse, de rire quand elle rirait,
de pleurer avec elle; mais il gémit de la légèreté d'une femme qui, tout en accomplissant
une grande chose, y trouvait néanmoins matière à plaisanter. Que n'aurait-il pas
fait pour sauver le jeune homme ! Pendant que
Chesnel s'habilla, madame de Maufrigneuse dé-
gusta la tasse de café à la crème que Brigitte
lui servit, et convint de la supériorité des cuisinières de province sur les chefs de Paris,
qui dédaignaient ces menus détails si impor-
tans pour les gourmets. Grace aux prévoyances

que nécessitaient les goûts de son maître pour la bonne chère, Brigitte avait pu offrir à la duchesse une délicieuse collation. Chesnel et son gentil compagnon se dirigèrent vers la maison de monsieur et madame Camusot.

— Ah! il y a une madame Camusot, dit la duchesse, l'affaire pourra donc s'arranger.

— Et d'autant mieux, lui répondit Chesnel, que madame s'ennuie assez visiblement d'être parmi nous autres provinciaux, elle est de Paris.

— Ainsi nous ne devons pas avoir de secret pour elle.

— Vous serez juge de ce qu'il faudra taire ou révéler, dit humblement Chesnel. Je crois qu'elle sera très flattée de donner l'hospitalité à la duchesse de Maufrigneuse. Pour ne rien compromettre, il vous faudra sans doute rester chez elle jusqu'à la nuit, à moins que vous n'y trouviez des inconvéniens.

— Est-elle bien, madame Camusot, demanda la duchesse d'un air fat.

— Elle est un peu la reine chez elle, répondit le notaire.

— Elle doit alors se mêler des affaires du palais, reprit la duchesse. Il n'y a qu'en France, cher monsieur Chesnel, que l'on voit les femmes si bien épouser leurs maris qu'elles en épousent les fonctions, le commerce ou les travaux. En Italie, en Angleterre, en Espagne, les femmes se font un point d'honneur de laisser leurs maris se débattre avec leurs affaires ; elles veulent les ignorer, de même que la moitié de nos bourgeoises françaises veulent être au fait des affaires de la communauté. N'est-ce pas ainsi que vous appelez cela, judiciairement ? D'une jalousie incroyable en fait de politique conjugale, elles veulent tout savoir ; aussi dans les moindres difficultés de la vie en France, sentez-vous la main de la femme ; elle conseille, elle prévoit, elle guide, elle éclaire son mari. La plupart des hommes ne s'en trouvent pas mal, en vérité. En Angleterre, un homme marié pourrait être mis vingt-quatre heures en prison pour dettes, sa femme à son retour lui ferait une scène de jalousie.

— Nous sommes arrivés sans avoir fait la moindre rencontre, dit Chesnel. Madame la duchesse, vous devez avoir d'autant plus d'empire ici, que le père de madame Camusot est un huissier du cabinet du roi, nommé Thirion.

— Et le roi n'y a pas songé, il ne pense à rien, s'écria-t-elle. Thirion nous a introduits, le duc de Lenoncourt, monsieur de Vandenesse et moi ! Nous sommes les maîtres céans. Combinez bien tout avec le mari, pendant que je vais parler à la femme.

La femme-de-chambre qui lavait, débarbouillait, habillait les deux enfans, introduisit

les deux étrangers dans la petite salle, sans
feu.

— Allez porter cette carte à votre maîtresse,
dit la duchesse à l'oreille de la femme-de-chambre, et ne la laissez lire qu'à elle. Si vous êtes
discrète, on vous récompensera, ma petite.

La femme-de-chambre demeura comme frappée de la foudre en entendant cette voix de
femme et voyant cette délicieuse figure de
jeune homme.

— Éveillez monsieur Camusot, lui dit Chesnel, et dites que je l'attends pour une affaire
importante.

La femme-de-chambre monta. Quelques
instans après, madame Camusot s'élança en
peignoir à travers les escaliers, et introduisit le bel étranger après avoir poussé Camusot,
en chemise, dans son cabinet avec tous ses
vêtemens, en lui ordonnant de s'habiller et de

l'y attendre. Ce coup de théâtre avait été produit par la carte où était gravé :

Madame la Duchesse de Maufrigneuse.

La fille de l'huissier du cabinet du roi avait tout compris.

— Eh bien, monsieur Chesnel, ne dirait-on pas que le tonnerre vient de tomber ici? s'écria la femme-de-chambre à voix basse. monsieur s'habille dans son cabinet, vous pouvez y monter.

— Silence sur tout ceci, répondit le notaire en montant chez le juge.

Chesnel, en se sentant appuyé par une grande dame qui avait l'assentiment verbal du Roi aux mesures à prendre pour sauver le comte d'Esgrignon, prit un air d'autorité qui le servit auprès de Camusot beaucoup mieux que l'air humble avec lequel il l'aurait entretenu, s'il eût été seul et sans secours.

— Monsieur, lui dit-il, mes paroles hier au soir ont pu vous étonner, mais elles sont sérieuses. La maison d'Esgrignon compte sur vous pour bien instruire une affaire d'où elle doit sortir sans tache.

— Monsieur, répondit le juge, je ne releverai point ce qu'il y a de blessant pour moi et d'attentatoire à la justice dans vos paroles, car, jusqu'à un certain point, votre position près de la maison d'Esgrignon l'excuse. Mais...

— Monsieur, pardonnez-moi de vous interrompre, dit Chesnel. Je viens vous dire des choses que vos supérieurs pensent et n'osent pas avouer, mais que les gens d'esprit devinent, et vous êtes homme d'esprit. A supposer que le jeune homme eût agi imprudemment, croyez-vous que le Roi, que la Cour, que le Ministère fussent flattés de voir un nom

comme celui des d'Esgrignon traîné à la cour
d'assises ? Est-il dans l'intérêt non seulement du royaume, mais du pays, que les maisons historiques tombent ? L'égalité, aujour-
d'hui le grand mot de l'opposition, ne trouve-
t-elle pas une garantie dans l'existence d'une
haute aristocratie consacrée par le temps ? Eh
bien, non seulement il n'y a pas eu la moindre
imprudence, mais nous sommes des innocens
tombés dans un piége ?

— Je suis curieux de savoir comment ? dit
le juge.

— Monsieur, reprit Chesnel, pendant deux
ans, le sieur du Croisier a constamment laissé
tirer sur lui pour de fortes sommes par monsieur le comte d'Esgrignon. Nous produirons
des traites pour plus de cent mille écus, constamment acquittées par lui, et dont les sommes ont été remises par moi.... saisissez bien
ceci ?... soit avant, soit après l'échéance.

Monsieur le comte d'Esgrignon est en mesure de présenter un reçu de la somme tirée par lui, antérieur à l'effet argué de faux? ne reconnaîtrez-vous pas alors dans la plainte une œuvre de haine et de parti? n'est-ce pas une odieuse calomnie que cette accusation portée par les adversaires les plus dangereux du trône et de l'autel contre l'héritier d'une vieille famille? Il n'y a pas eu plus de faux dans cette affaire qu'il ne s'en est fait dans mon étude. Mandez par devers vous madame du Croisier, laquelle ignorait hier la plainte en faux, elle vous déclarera que je lui ai porté les fonds, et qu'elle les a gardés pour les remettre à son mari absent qui ne les lui réclame pas. Interrogez du Croisier à ce sujet? il vous dira qu'il ignore ma remise à madame du Croisier.

— Monsieur, répondit le juge d'instruction, vous pouvez émettre de pareilles assertions dans le salon de monsieur d'Esgrignon ou chez

des gens qui ne connaissent pas les affaires,
on y ajoutera foi; mais un juge d'instruction,
à moins d'être imbécile, ne croira pas qu'une
femme aussi soumise à son mari que l'est madame du Croisier, conserve en ce moment dans
son secrétaire cent mille écus sans en rien dire
à son mari, ni qu'un vieux notaire n'ait pas
instruit monsieur du Croisier de cette remise,
à son retour en ville.

—Le vieux notaire était allé à Paris, Monsieur, pour arrêter le cours des dissipations du
jeune homme.

— Je n'ai pas encore interrogé le comte
d'Esgrignon, reprit le juge, ses réponses
éclaireront ma religion.

— Il est au secret? demanda le notaire.

— Oui, répondit le juge.

—Monsieur, s'écria Chesnel qui vit le danger,
l'instruction peut être conduite pour ou contre
nous; mais vous choisirez ou de constater,

d'après la déposition de madame du Croisier, la remise des valeurs antérieurement à l'effet, ou d'interroger un pauvre jeune homme inculpé qui, dans son trouble, peut ne se souvenir de rien et se compromettre. Vous chercherez le plus croyable ou de l'oubli d'une femme ignorante en affaires, ou d'un faux commis par un d'Esgrignon.

— Il ne s'agit pas de tout cela, reprit le juge, il s'agit de savoir si monsieur le comte d'Esgrignon a converti le bas d'une lettre que lui adressait du Croisier en une lettre de change.

— Eh! il le pouvait, s'écria tout-à-coup madame Camusot qui entra vivement, suivie du bel inconnu. Monsieur Chesnel avait remis les fonds...

Elle se pencha vers son mari.

— Tu seras juge-suppléant à Paris à la première vacance, tu sers le roi lui-même dans cette affaire, j'en ai la certitude, on ne t'oubliera pas, lui dit-elle à l'oreille. Tu vois dans ce jeune homme la duchesse de Maufrigneuse, tâche de ne jamais dire que tu l'aies vue, et fais tout pour le jeune comte, hardiment.

— Messieurs, dit le Juge, quand l'instruction serait conduite dans le sens favorable à l'innocence du jeune comte, puis-je répondre du jugement à intervenir? Monsieur Chesnel et toi, ma bonne, vous connaissez les dispositions de monsieur le Président.

— Ta, ta, ta, dit madame Camusot, va voir toi-même ce matin monsieur de Grandville, et apprends-lui l'arrestation du jeune comte, vous serez déjà deux contre deux, j'en réponds. Le baron de Grandville est de Paris, lui! Il connaît la situation des affaires...

En ce moment, mademoiselle Cadot fit entendre sa voix à la porte, en disant qu'elle ap-

portait une lettre pressée. Le juge sortit et
rentra, lisant ces mots :

*Monsieur le vice-président du tribunal prie
monsieur Camusot de siéger à l'audience de ce jour
et des jours suivans, pour que le tribunal soit au
complet pendant l'absence de monsieur le président.
Il lui fait ses complimens.*

— Plus d'instruction de l'affaire d'Esgrignon, s'écria madame Camusot. Ne te l'avais-
je pas dit, mon ami, qu'ils te joueraient quelque mauvais tour ? Le président est allé te ca-
lomnier auprès du procureur-général et du
président de la Cour. Avant que tu puisses
instruire l'affaire, tu seras changé. Est-ce clair?

— Vous resterez, monsieur, dit la duchesse,
le procureur du roi arrivera, je l'espère, à
temps.

— Quand le procureur du Roi viendra, dit

avec feu la petite dame Camusot, il doit trouver tout fini. Oui, mon cher, oui, dit-elle en regardant son mari stupéfait. Ah! vieil hypocrite
de président, tu joues au plus fin avec nous, tu
t'en souviendras! Tu veux nous servir un plat
de ton métier, tu en auras deux apprêtés par
la main de ta servante, Cécile-Amélie Thirion.
Pauvre bonhomme Blondet! il est heureux
pour lui que le président soit en voyage pour
nous faire destituer, son grand dadais de fils
épousera mademoiselle Blandureau. Je vais
aller retourner ses semis. Toi, Camusot, va
chez monsieur de Grandville, pendant que
madame la duchesse et moi nous irons trouver
le vieux Blondet. Arrangez-vous pour sabrer
l'audience, tu auras ainsi le temps de faire
ton instruction, et surtout, attends-toi à entendre dire par toute la ville que je me suis
promenée ce matin avec un amant.

Madame Camusot donna le bras à la du-

chesse, et l'emmena par les endroits déserts
de la ville pour arriver sans mauvaise rencontre à la porte du vieux juge. Chesnel alla
pendant ce temps conférer avec le jeune comte
à la prison, où Camusot le fit. introduire en
secret. Les cuisinières, les domestiques , et
autres gens levés de bonne heure en province,
qui virent madame Camusot et la duchesse
dans des chemins détournés prirent le jeune
homme pour un amant venu de Paris. Comme
elle l'avait prévu, le soir, la nouvelle de ses
déportemens avait déjà circulé dans la ville, et
occasionna plus d'une médisance.

Madame Camusot et son amant prétendu
trouvèrent le vieux Blondet dans sa serre,
il salua la femme de son collègue et son compagnon en jetant sur ce charmant jeune homme
un regard inquiet et scrutateur.

—J'ai l'honneur de vous présenter un des

cousins de mon mari, dit-elle à monsieur Blondet, en lui montrant la duchesse, un des horticulteurs les plus distingués de Paris, qui revient de Bretagne, et ne peut passer que cette journée avec nous. Monsieur a entendu parler de vos fleurs et de vos arbustes, et j'ai pris la liberté de venir de grand matin.

— Ah! monsieur est horticulteur, dit le vieux juge.

La duchesse s'inclina sans parler.

— Voici, dit le juge, mon cafier et mon arbre à thé.

— Pourquoi donc, dit madame Camusot, monsieur le président est-il parti? Je gage que son absence concerne monsieur Camusot.

— Précisément. Voici, Monsieur, le cactus le plus original qui existe, dit-il en montrant dans un pot une plante qui avait l'air d'un rotin couvert de lèpre, il vient de la Nouvelle-Hollande. Vous êtes bien jeune, Monsieur, pour être horticulteur.

— Quittez vos fleurs, mon cher monsieur Blondet, dit madame Camusot, il s'agit de vous, de vos espérances, du mariage de votre fils avec mademoiselle Blandureau. Vous êtes la dupe du président.

— Bah! dit le juge d'un air incrédule.

— Oui, reprit-elle. Si vous cultiviez un peu plus le monde, et un peu moins vos fleurs, vous sauriez que la dot et les espérances que vous avez plantées, arrosées, binées, sarclées, sont sur le point d'être cueillies par des mains rusées.

— Madame!...

— Ah! personne en ville n'aura le courage de rompre en visière au président en vous avertissant. Moi — qui ne suis pas de la ville, et qui, grace à ce brave jeune homme, irai bientôt à Paris! — je vous apprends que le successeur de Chesnel a formellement demandé la main de Claire Blandureau pour le petit du Ronceret, à qui ses père et mère donnent cinquante mille écus. Quant à Félicien, il promet de se faire recevoir avocat pour être nommé juge.

Le vieux juge laissa tomber le pot qu'il avait à la main pour le montrer à la duchesse.

— Ah! mon cactus! ah! mon fils! Mademoiselle Blandureau, la fleur du cactus est cassée!

— Non, tout peut s'arranger, lui dit madame Camusot en riant. Si vous voulez voir votre fils juge dans un mois d'ici, nous allons vous dire comment il faut vous y prendre...

— Monsieur, passez-là, vous verrez mes pe-

largonium, un spectacle magique. à la florai-
son. Pourquoi, dit-il à madame Camusot, me
parlez - vous de ces affaires devant votre
cousin ?

— Tout dépend de lui, riposta madame Camusot. La nomination de votre fils est à jamais
perdue, si vous dites un mot de ce jeune homme !

— Bah !

— Ce jeune homme est une fleur.

— Ah !

— C'est la duchesse de Maufrigneuse, en-
voyée par le roi pour sauver le jeune d'Esgrignon, arrêté hier par suite d'une plainte en faux
porté par du Croisier. Madame la duchesse a la
parole du garde-des-sceaux, il ratifiera les pro-
messes qu'elle nous fera...

— Mon cactus est sauvé !... allez, j'écoute.

— Consultez-vous avec Camusot et le baron
de Grandville, pour étouffer l'affaire au plus tôt,
et votre fils sera nommé. Sa nomination arrivera alors assez à temps pour vous permettre de déjouer les intrigues des du Ronceret
auprès des Blandureau. Votre fils sera mieux
que juge-suppléant, il aura la succession de
monsieur Camusot dans l'année. Le procureur du roi arrive aujourd'hui, monsieur Sauvager sera sans doute forcé de donner sa démission, à cause de sa conduite dans cette
affaire. Mon mari vous montrera des pièces au
Palais qui établissent l'innocence du comte, et
qui prouvent que le faux est un guet-à-pens
tendu par du Croisier.

Le vieux juge entra dans le cirque olympique
de ses six mille pélargonium, et y salua la
duchesse.

— Monsieur, dit-il; si ce que vous voulez
est légal, cela pourra se faire.

— Monsieur, répondit la duchesse, remettez votre démission demain à monsieur Chesnel, je vous promets de vous faire envoyer dans la semaine la nomination de votre fils, mais ne la donnez qu'après avoir entendu monsieur le procureur du roi vous confirmer mes paroles. Vous vous comprenez mieux entre vous autres gens de justice. Seulement faites-lui savoir que la duchesse de Maufrigneuse vous a engagé sa parole. Silence sur mon voyage ici, dit-elle.

Le vieux juge lui baisa la main, et se mit à cueillir sans pitié les plus belles fleurs qu'il lui offrit.

— Y pensez-vous! donnez-les à madame, lui dit la duchesse, il n'est pas naturel de voir des fleurs à un homme qui donne le bras à une jolie femme.

— Avant d'aller au Palais, lui dit madame

Camusot, allez vous informer chez le successeur de Chesnel des propositions faites par lui au nom de monsieur et de madame du Ronceret.

Le vieux juge ébahi de la duplicité du président, resta planté sur ses jambes, à sa grille, en regardant les deux femmes qui se sauvèrent par les chemins détournés. Il voyait crouler l'édifice si péniblement bâti durant dix années pour son enfant chéri. Était-ce possible? il soupçonna quelque ruse et courut chez le successeur de Chesnel.

A neuf heures et demie, avant l'audience, le vice-président Blondet, le juge Camusot et le jeune baron de Grandville se trouvèrent avec une remarquable exactitude dans la chambre du conseil, dont le vieux juge ferma la porte avec soin en voyant entrer Camusot et le baron qui vinrent ensemble.

— Hé bien! monsieur le vice-président, dit

le jeune baron de Grandville, monsieur Sauvager a requis un mandat contre un comte d'Esgrignon, sans consulter le procureur du roi,
pour servir la passion d'un du Croisier, un ennemi du gouvernement du roi. C'est un vrai
sens-dessus-dessous. Le président, de son côté,
part pour arrêter l'instruction! Et nous ne sa-
vions rien de ce procès? Voulait-on par hasard
nous forcer la main?

— Voici le premier mot que j'entends sur
cette affaire, dit le vieux juge, furieux de la
démarche faite par le président chez les Blandureau, et avouée par le successeur de Chesnel, l'homme des du Ronceret qui venait d'être
victime d'une ruse inventée par le vieux juge
pour savoir la vérité.

— Heureusement que nous vous en parlons,
mon cher maître, dit Camusot à Blondet, autrement vous auriez pu renoncer à asseoir jamais

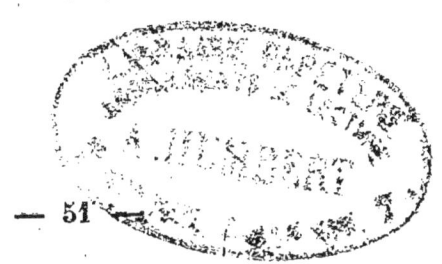

votre fils sur les fleurs de lys, et à le marier à mademoiselle Blandureau.

— Mais il ne s'agit pas de mon fils, ni de son mariage, dit le juge, il s'agit du jeune comte d'Esgrignon. Est-il ou n'est-il pas coupable ?

—Il paraît, dit monsieur de Grandville, que les fonds auraient été remis à madame du Croisier par Chesnel, il ne s'agit que d'une irrégularité dont on a fait un crime. Le jeune homme aurait, suivant la plainte, fait servir un bas de lettre où était la signature de du Croisier pour la convertir en un effet sur les Keller, une imprudence.

— Mais si du Croisier avait encaissé la somme, dit Blondet, pourquoi s'est-il plaint ?

— Il ne sait pas encore que la somme a été remise à sa femme, ou il feint de ne pas le savoir, dit Camusot.

— Vengeance de gens de province, dit le baron de Grandville.

— Ça m'a l'air d'être un faux, dit le vieux Blondet.

— Vous croyez, dit le jeune baron. Mais d'abord il n'y aurait pas imitation de signature, en supposant que le jeune comte n'ait pas eu le droit de tirer sur du Croisier. Or il a eu ce droit par le versement dont Chesnel l'avisait.

— Eh bien! où voyez-vous un faux? dit le vieux juge.

— Ah! il est clair, en tenant la version de du Croisier pour vraie, que la signature a été détournée de sa destination pour toucher la somme au mépris d'une défense faite par du Croisier à ses banquiers.

— Ceci, Messieurs, dit Blondet, me paraît

une misère, une vétille. Vous aviez la somme,
je devais peut-être attendre un titre de vous;
mais j'étais dans un besoin urgent, j'ai... Votre
plainte est de la passion, de la vengeance! Pour
qu'il y ait faux, il faut l'intention de soustraire
une somme, de se faire attribuer un profit quelconque auquel on n'aurait pas droit. Il n'y a
eu de faux ni dans les termes de la loi romaine,
ni dans l'esprit de la jurisprudence actuelle.
Le faux entraîne une intention de voler, et ici,
où est le vol? Dans quel temps vivons-nous,
Messieurs? Le président nous quitte pour faire
manquer une instruction qui devrait être finie!
Je ne connais monsieur le président que d'aujourd'hui, mais je lui paierai l'arriéré de mon
erreur, il minutera désormais ses jugemens
lui-même. Vous devez mettre à ceci la plus
grande célérité, monsieur Camusot.

— Oui : mon avis, dit M. de Grandville, est
au lieu d'une mise en liberté sous caution, de

tirer de là ce jeune homme immédiatement.
Tout dépend des interrogations à poser à du
Croisier et à sa femme. Vous pouvez les mander pendant l'audience, monsieur Camusot,
recevoir leurs dépositions avant quatre heures
et faire votre rapport cette nuit : nous jugerons
l'affaire demain avant l'audience.

— Pendant que les avocats plaideront ,
nous conviendrons de la marche à suivre, dit
Blondet à Camusot.

Les trois juges entrèrent en séance après
avoir revêtu leurs robes.

A midi, monseigneur et mademoiselle Armande étaient arrivés à l'hôtel d'Esgrignon,
où se trouvaient déjà Chesnel et monsieur
Couturier. Après une conférence assez courte
entre le directeur de madame du Croisier et le
prélat, le prêtre alla sur-le-champ chez sa pé-
nitente,

A onze heures du matin, du Croisier reçut un mandat de comparution qui le mandait entre une heure et deux, dans le cabinet du juge d'instruction. Il y vint, en proie à des soupçons légitimes. Le président, incapable de prévoir l'arrivée de la duchesse de Maufrineuse, celle du procureur du roi, ni la confédération subite des trois juges, avait oublié de tracer à du Croisier un plan de conduite au cas où l'instruction commencerait. Ni l'un ni l'autre ne crurent à tant de célérité. Du Croisier s'empressa d'obéir au mandat, afin de connaître les dispositions de monsieur Camusot. Il fut donc obligé de répondre.

Le juge lui adressa sommairement les six interrogations suivantes.

L'effet argué de faux, ne portait-il pas une signature vraie?

Avait-il eu, avant cet effet, des affaires avec monsieur le comte d'Esgrignon?

Monsieur le comte d'Esgrignon n'avait-il pas tiré sur lui des lettres de change avec ou sans avis ?

N'avait-il pas écrit une lettre par laquelle il autorisait monsieur d'Esgrignon à toujours faire fond sur lui ?

Chesnel n'avait-il pas plusieurs fois déjà soldé ces comptes ?

N'avait-il pas été absent à telle époque ?

Ces questions furent résolues affirmativement par du Croisier, car malgré ses explications verbeuses, le juge le ramenait toujours à l'alternative d'un oui ou d'un non. Quand les demandes et les réponses furent consignées au procès-verbal, le juge termina par une foudroyante interrogation.

Savait-il que l'argent de l'effet argué de faux était déposé chez lui, suivant une déclaration de Chesnel et une lettre d'avis du notaire du comte d'Esgrignon, cinq jours avant la date de l'effet?

Cette dernière question épouvanta du Croisier. Il demanda ce que signifiait un pareil interrogatoire, et s'il était, lui, le coupable, et monsieur le comte d'Esgrignon le plaignant? Il fit observer que si les fonds étaient chez lui, il n'eût pas rendu de plainte.

— La justice s'éclaire, dit le juge en le renvoyant, non sans avoir constaté cette dernière observation de du Croisier.

— Mais, monsieur, les fonds...

— Les fonds sont chez vous, dit le juge.

Chesnel également cité comparut pour expliquer l'affaire. La véracité de ses assertions fut corroborée par la déposition de madame du Croisier. Le juge avait déjà interrogé le

comte d'Esgrignon qui, soufflé par Chesnel,
avait produit la première lettre par laquelle du
Croisier lui écrivait de tirer sur lui, sans lui
faire l'injure de déposer les fonds d'avance.
Puis il produisit une lettre écrite par Chesnel,
par laquelle le notaire le prévenait du versement des cent mille écus chez monsieur du
Croisier.

Avec de pareils élémens, l'innocence du
jeune comte devait triompher devant le tribunal.

Quand du Croisier revint du Palais chez lui,
son visage était blanc de colère, et sur ses
lèvres frissonnait la légère écume d'une rage
concentrée. Il trouva sa femme assise dans son
salon, au coin de la cheminée, et lui faisant
des pantoufles en tapisserie ; elle trembla
quand elle leva les yeux sur lui, mais elle
avait pris son parti.

—Madame, s'écria du Croisier en balbutiant, quelle déposition avez-vous faite devant le juge? Vous m'avez déshonoré, perdu, trahi.

— Je vous ai sauvé, monsieur, répondit-elle. Si vous avez l'honneur de vous allier un jour aux d'Esgrignon, par le mariage de votre nièce avec le jeune comte, vous le devrez à ma conduite d'aujourd'hui.

— Miracle! l'ânesse de Balaam a parlé! s'écria-t-il, je ne m'étonnerai plus de rien. Et où sont les cent mille écus que monsieur Camusot dit être chez moi?

— Les voici, répondit-elle en tirant le paquet des billets de banque de dessous le coussin de sa bergère. Je n'ai point commis de péché mortel en déclarant que monsieur Chesnel me les avait remis.

— En mon absence?

— Vous n'étiez pas là.

— Vous me le jurez par votre salut éternel.

— Je le jure, dit-elle d'une voix calme.

— Pourquoi ne m'avoir rien dit, demanda-t-il ?

— J'ai eu tort en ceci, répondit sa femme ; mais ma faute tourne à votre avantage. Votre nièce sera quelque jour marquise d'Esgrignon, et peut-être serez-vous député, si vous vous conduisez bien dans cette déplorable affaire. Vous avez été trop loin, sachez revenir.

Du Croisier se promena dans son salon en proie à une horrible agitation. Sa femme attendait, dans une agitation égale, le résultat de cette promenade. Enfin du Croisier sonna. Le valet de chambre parut.

— Je ne recevrai personne ce soir, fermez la grande porte. A tous ceux qui viendront vous direz que madame et moi nous sommes à la campagne. Nous partirons aussitôt après le dîner, que vous avancerez d'une demi-heure.

Dans la soirée, tous les salons, les petits marchands, les pauvres, les mendians, la noblesse, le commerce, toute la ville enfin parlait de la grande nouvelle : l'arrestation du comte d'Esgrignon soupçonné d'avoir commis un faux. Le comte d'Esgrignon irait en Cour d'Assises, il serait condamné, marqué. La plupart des personnes à qui l'honneur de la maison d'Esgrignon était cher, niaient le fait.

Quand il fit nuit, Chesnel vint prendre chez madame Camusot le jeune inconnu qu'il conduisit à l'hôtel d'Esgrignon, où mademoiselle Armande l'attendait. La pauvre fille mena chez elle la belle Maufrigneuse, à laquelle elle donna son appartement. Monseigneur l'Évêque occupait celui de Victurnien.

Quand la noble Armande se vit seule avec

la duchesse, elle lui jeta le plus déplorable regard.

—Vous deviez bien votre secours au pauvre enfant qui s'est perdu pour vous, madame, dit-elle, un enfant à qui tout le monde ici se sacrifie.

La duchesse avait déjà jeté son coup-d'œil de femme sur la chambre de mademoiselle d'Esgrignon, et y avait vu l'image de la vie de cette sublime fille : vous eussiez dit la cellule d'une religieuse, à voir cette pièce, nue, froide et sans luxe. La duchesse émue en contemplant le passé, le présent et l'avenir de cette existence, en reconnaissant le contraste inoui qu'y produisait sa présence, ne put retenir des larmes qui roulèrent sur ses joues et lui servirent de réponse.

— Ah! j'ai tort, pardonnez-moi, madame la duchesse? reprit la chrétienne qui triompha de la tante de Victurnien, vous ignoriez notre misère, mon neveu était incapable de vous l'avouer; et, en vous voyant, tout se conçoit, même le crime!

Mademoiselle Armande, sèche et maigre, pâle, mais belle comme une de ces figures effilées et sévères que les peintres allemands ont seuls su faire, eut aussi les yeux mouillés.

— Rassurez-vous, cher ange, dit enfin la duchesse, il est sauvé.

— Oui, mais l'honneur! mais son avenir! Chesnel me l'a dit : le roi sait la vérité.

— Nous songerons à réparer le mal, dit madame de Maufrigneuse.

Mademoiselle Armande descendit au salon, et trouva le Cabinet des Antiques au grand complet. Autant pour fêter monseigneur que pour entourer le marquis d'Esgrignon, chacun des habitués était venu. Chesnel, posté dans l'antichambre, recommandait à chaque arrivant le plus profond silence sur la grande affaire, afin que le vénérable marquis n'en sut jamais rien. Le loyal Franc était capable de tuer son fils ou de tuer du Croisier : dans cette circonstance, il lui aurait fallu un criminel d'un côté ou de l'autre. Par un singulier hasard, le marquis, heureux du retour de son fils à Paris, parla plus qu'à l'ordinaire de Victurnien. Victurnien allait être placé bientôt par le roi, le roi s'occupait enfin des d'Esgrignon. Chacun, la mort dans l'ame, exaltait la bonne conduite de Victurnien. Mademoiselle Armande préparait les voies à la soudaine apparition de son neveu, en disant à son frère que Victurnien viendrait sans doute les voir et qu'il devait être en route.

— Bah! dit le marquis debout devant sa cheminée, s'il fait bien ses affaires là où il est, il doit y rester, et ne pas songer à la joie que son vieux père aurait à le voir. Le service du roi avant tout.

La plupart de ceux qui entendirent cette phrase frissonnèrent. Le procès pouvait livrer l'épaule d'un d'Esgrignon au fer du bourreau! Il y eut un moment d'affreux silence! La vieille marquise de Casteran ne put retenir une larme qu'elle versa sur son rouge en détournant la tête.

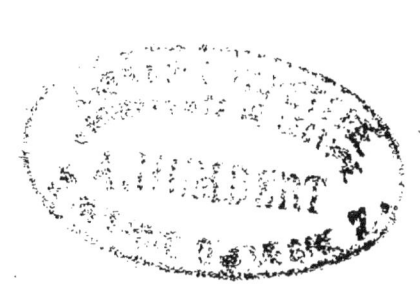

CHAPITRE IX.

LA MÉSALLIANCE.

Le lendemain, à midi, par un temps superbe, toute la population en rumeur était dispersée par groupes dans la rue qui traversait la ville, et il n'y était question que de la grande affaire. Le jeune comte était-il ou n'était-il pas en prison? En ce moment, on aperçut le tilbury bien connu du comte d'Esgrignon descendant par le haut de la rue Saint-Blaise, et venant de la préfecture. Ce tilbury était mené par le comte accompagné, d'un charmant jeune homme inconnu, tous deux gais, riant, causant, ayant des roses du Bengale à la boutonnière. Ce fut un de ces coups de théâtre qu'il est impossible de décrire.

A dix heures, un jugement de non-lieu, parfaitement motivé, avait rendu la liberté au jeune comte. Du Croisier y fut foudroyé par un attendu qui réservait au comte d'Esgrignon ses droits pour le poursuivre en calomnie.

Le vieux Chesnel remontait, comme par hasard, la Grande-Rue, et disait, à qui voulait l'entendre, que du Croisier avait tendu le plus infâme des piéges à l'honneur de la maison d'Esgrignon, et que, s'il n'était pas poursuivi comme calomniateur, il devait cette condescendance à la noblesse de sentiment qui animait les d'Esgrignon.

Le soir de cette fameuse journée, après le

coucher du marquis d'Esgrignon, le jeune comte, mademoiselle Armande et le beau petit page qui allait repartir, se trouvèrent seuls avec le Chevalier, à qui l'on ne put cacher le sexe de ce charmant cavalier et qui fut le seul dans la ville, hormis les trois juges et madame Camusot, de qui la présence de la duchesse fut connue.

— La maison d'Esgrignon est sauvée, dit Chesnel, mais elle ne se relèvera pas de ce choc d'ici à cent ans. Il faut maintenant payer les dettes, et vous ne pouvez plus, monsieur le comte, faire autre chose que vous marier avec une héritière.

— Et la prendre où elle sera, dit la duchesse.

— Une seconde mésalliance, s'écria mademoiselle Armande.

La duchesse se mit à rire.

— Il vaut mieux se marier que de mourir,
dit-elle en sortant de la poche de son gilet un
petit flacon donné par l'apothicairerie du château des Tuileries.

Mademoiselle Armande fit un geste d'effroi,
le vieux Chesnel prit la main de la belle Maufrigneuse et la lui baisa sans permission.

— Vous êtes donc fous, ici? reprit la duchesse; vous voulez donc rester au quinzième
siècle quand nous sommes au dix-neuvième?
Mes chers enfans, il n'y a plus de noblesse,
il n'y a plus que de l'aristocratie. Les guèr-
res de Napoléon ont tué les parchemins comme le canon avait déjà tué la féodalité. Vous
serez bien plus nobles que vous ne l'êtes
quand vous aurez de l'argent. Epousez qui
vous voudrez, Victurnien, vous anoblirez votre femme, voilà le plus solide des priviléges
qui restent à la noblesse française. M. de

Talleyrand n'a-t-il pas épousé madame Grandt sans se compromettre ? Souvenez-vous de Louis XIV marié à la veuve Scarron !

— Il ne l'avait pas épousé pour son argent, dit mademoiselle Armande.

— C'était une d'Aubigné, dit le Chevalier.

— Recevriez-vous la comtesse d'Esgrigno n, si c'était la nièce d'un du Croisier, dit Chesnel ?

— Peut-être, répondit la duchesse, mais le roi, sans aucun doute, la verrait avec plaisir. Vous ne savez donc pas ce qui se passe ? dit-elle en voyant l'étonnement peint sur tou s les visages. Victurnien est venu à Paris, il sa it comment y vont les choses. Nous étions plus puissans sous Napoléon. Victurnien, épousez mademoiselle Duval, épousez qui vous vou d rez, elle sera marquise d'Esgrignon, comme je suis la duchesse de Maufrigncuse.

— Tout est perdu, même l'honneur, dit le Chevalier.

— Adieu, Victurnien, dit la duchesse en l'embrassant au front, nous ne nous verrons plus. Car ce que vous avez de mieux à faire est de vivre sur vos terres, l'air de Paris ne vous vaut rien.

— Diane, cria le jeune comte au désespoir.

— Monsieur, vous vous oubliez étrangement, dit froidement la duchesse en quittant son rôle d'homme et de maîtresse, et redevenant non seulement ange, mais encore duchesse, non seulement duchesse, mais la Célimène de Molière.

Elle salua dignement ces quatre personnages, et obtint du Chevalier la dernière larme d'admiration qu'il eût au service du beau sexe.

— Comme elle ressemble à la princesse Go-
ritza, s'écria-t-il à voix basse.

Elle avait disparu. Le fouet du postillon disait à Victurnien que le beau roman de son
amour était fini. En danger, Diane avait encore
pu voir en lui son amant; mais sauvé, la duchesse le méprisait comme un homme faible
qu'il était.

Six mois après, Camusot fut nommé juge-
suppléant à Paris, et plus tard juge d'instruction. Le baron de Grandville devint avocat-
général. Le bonhomme Blondet passa Conseiller
à la cour royale dans le ressort de laquelle
était le tribunal ; il y resta le temps nécessaire
pour prendre sa retraite, et revint habiter sa
jolie petite maison. Son fils aîné eut un siége
au tribunal pour le reste de ses jours, sans
aucune chance d'avancement, et fut l'époux
de mademoiselle Blandureau qui s'ennuie au-

jourd'hui dans cette maison de briques et de fleurs, comme une carpe dans un bassin de marbre. Enfin, l'avocat-général, le conseiller, le juge d'instruction reçurent la croix de la Légion-d'Honneur. Quant au premier substitut du procureur du roi, monsieur Sauvager fut envoyé en Corse au grand contentement de du Croisier, qui certes ne voulait pas lui donner sa nièce.

Du Croisier, stimulé par le président du Ronceret, appela du jugement de non-lieu rendu par le tribunal à la chambre des mises en accusation de la cour royale et perdit. Dans tout le département, les libéraux soutinrent que le petit d'Esgrignon avait fait un faux. Les royalistes, de leur côté, racontèrent les horribles trames que la vengeance avait fait ourdir à *l'infâme du Croisier*. Un duel eut lieu entre du Croisier et Victurnien. Le hasard des armes fut pour l'ancien fournisseur, qui

blessa dangereusement le jeune comte et main-
tint ses dires. La lutte entre les deux partis
fut encore envenimée par cette affaire que les
libéraux remettaient sur le tapis à tout propos.
Du Croisier, toujours repoussé aux élections, ne
voyait aucune chance de faire épouser sa nièce
au jeune comte, surtout après son duel.

Un mois après l'arrêt de la cour royale,
Chesnel, épuisé par cette lutte horrible où ses
forces morales et physiques furent ébranlées,
mourut dans son triomphe comme un vieux
chien fidèle qui a reçu les défenses d'un mar-
cassin dans le ventre. Il mourut aussi heureux
qu'il pouvait l'être, en laissant la Maison quasi-
ruinée et le jeune homme dans la misère,
perdu d'ennui, sans aucune chance d'établis-
sement. Cette cruelle pensée, jointe à son
abattement, l'acheva sans doute. Au milieu de
tant de ruines, accablé par tant de chagrins, il
reçut une grande consolation : le vieux mar-

quis, sollicité par sa sœur, lui rendit toute son amitié. Ce grand personnage vint dans la petite maison de la rue du Bercail, il s'assit au chevet du lit de son vieux serviteur dont tous les sacrifices lui étaient inconnus. Chesnel se dressa sur son séant, et récita le cantique de Siméon. Le marquis lui permit de se faire enterrer dans la chapelle du château, le corps en travers, et au bas de la fosse où ce quasi-dernier d'Esgrignon devait reposer lui-même.

Ainsi mourut l'un des derniers représentans de cette belle et grande domesticité, mot que l'on prend souvent en mauvaise part, et auquel nous donnons ici sa signification réelle en lui faisant exprimer l'attachement féodal du serviteur au maître. Ce sentiment, qui n'existait plus qu'au fond de la province et chez quelques vieux serviteurs de la royauté, honorait également et la noblesse qui inspirait de semblables affections et la bourgeoisie qui les concevait. Ce noble et magnifique dévoûment est impossible aujourd'hui. Les maisons nobles n'ont plus de serviteurs, de même qu'il n'y a plus de roi de France ni de pairs héréditaires, ni de biens immuablement fixés dans les maisons historiques pour en perpétuer les splendeurs nationales.

Chesnel n'était pas seulement un de ces grands hommes inconnus de la vie privée, il était aussi une grande chose. La continuité de ses sacrifices ne lui donne-t-elle pas je ne sais quoi de grave et de sublime qui dépasse l'héroïsme de la bienfaisance, qui est toujours un effort momentané. La vertu de Chesnel appartient essentiellement aux classes placées entre les misères du peuple et les grandeurs de l'aristocratie, et qui peuvent unir ainsi les modestes vertus du Bourgeois aux sublimes pensées du Noble, en les éclairant aux flambeaux d'une solide instruction.

Victurnien, jugé défavorablement à la cour,
n'y pouvait plus trouver ni fille riche, ni emploi. Le roi se refusa constamment à donner
la pairie aux d'Esgrignon, seule faveur qui pût
tirer Victurnien de la misère. Du vivant de son
père, il était impossible de le marier avec une
héritière bourgeoise, il dut vivre mesquine-
ment dans la maison paternelle avec les souvenirs de ses deux années de splendeur parisienne
et d'amour aristocratique. Il était triste
et morne. Il végétait entre son père au désespoir qui attribuait à une maladie de langueur
l'état où il voyait son fils, entre sa tante dé-
vorée de chagrin. Chesnel n'était plus là.
Le marquis mourut en 1830, après avoir vu
le Roi Charles X passer à Nonancourt, et où
il alla, suivi de la noblesse valide du *Cabinet
des Antiques*, lui rendre ses devoirs et se join-
dre au maigre cortège de la monarchie vain-
cue.

— Les Gaulois ont vaincu! fut son dernier mot.

Le triomphe de du Croisier fut alors complet. Le nouveau marquis d'Esgrignon, huit jours après la mort de son vieux père, accepta mademoiselle Duval pour femme : elle avait deux millions de dot. Du Croisier et sa femme lui assurèrent leur fortune au contrat. Du Croisier dit, pendant la cérémonie du mariage, que la maison d'Esgrignon était la plus honorable de toutes les maisons nobles de France. Le marquis d'Esgrignon devait réunir un jour plus de cent mille écus de rente. Vous le voyez tous les hivers à Paris, où il mène la joyeuse vie des garçons, n'ayant plus des grands-seigneurs d'autrefois que son indifférence pour sa femme, de laquelle il n'a nul souci.

« Quant à mademoiselle d'Esgrignon, disait Alfred Blondet à qui l'on doit les détails de

cette aventure, si elle ne ressemble plus à la
céleste figure entrevue pendant mon enfance,
elle est certes, à soixante-sept ans, la plus dou-
loureuse et la plus intéressante figure du Cabinet des Antiques où elle trône encore. Je l'ai
vue au dernier voyage que je fis dans mon
pays, pour y aller chercher les papiers nécessaires à mon mariage. Quand mon père apprit
qui j'épousais, il demeura stupéfait, il ne retrouva la parole qu'au moment où je lui dis
que j'étais préfet.

— Tu es né préfet! me répondit-il en souriant.

En faisant un tour par la ville, je rencontrai mademoiselle Armande qui m'apparut plus
grande que jamais! Il m'a semblé voir Marius
sur les ruines de Carthage. Ne survit-elle pas
à ses religions, à ses croyances détruites?
D'une maigreur effrayante, elle ne conserve,

de son ancienne beauté, que des yeux d'un éclat surnaturel. Elle est habituellement triste, muette, et ne croit plus qu'en Dieu. Quand je l'ai vue allant à la messe, son livre à la main, je n'ai pu m'empêcher de penser qu'elle demande à Dieu de la retirer de ce monde. »

Aux Jardies, septembre 1838.

FIN DU CABINET DES ANTIQUES.

GAMBARA.

n,

6.

Dédicace.

A monsieur le comte

Auguste=Benjamin de Belloy.

Mon cher comte,

C'est au coin du feu, dans une mystérieuse, une splendide retraite qui n'existe plus, mais qui vivra dans notre souvenir, et d'où nos yeux découvraient Paris,

depuis les collines de Bellevue jusqu'à celles de Belle-
ville, depuis Montmartre jusqu'à l'Arc-de-Triomphe de
l'Étoile, que, par une matinée arrosée de thé, à travers
les mille idées qui naissent et s'éteignent comme des fusées dans votre étincelante conversation, vous avez,
prodigue d'esprit, jeté sous ma plume ce personnage
digne d'Hoffman, ce porteur de trésors inconnus, ce
pélerin assis à la porte du Paradis, ayant des oreilles
pour écouter les chants des anges, et n'ayant plus de
langue pour les répéter, agitant sur les touches d'ivoire
des doigts brisés par les contractions de l'inspiration divine, et croyant exprimer la musique du ciel à des auditeurs stupéfaits. Vous avez créé GAMBARA, je ne
l'ai qu'habillé. Laissez-moi rendre à César ce qui appartient à César, en regrettant que vous ne saisissiez pas
la plume à une époque où les gentilshommes doivent

s'en servir aussi bien que de leur épée, afin de sauver leur pays. Vous pouvez ne pas penser à vous; mais vous nous devez vos talens.

Votre sincère ami.

DE BALZAC.

Aux Jardies, février 1839.

CHAPITRE I.

LA RENCONTRE DU COMPOSITEUR.

Le premier jour de l'an mil huit cent trente et un vidait ses cornets de dragées, quatre heures sonnaient, il y avait foule au Palais-Royal, et les restaurans commençaient à s'emplir; en ce moment un coupé s'arrêta devant le perron; il en sortit un jeune homme de fière mine, étranger sans doute; autrement il n'aurait eu ni le chasseur à plumes aristocra-

tiques, ni les armoiries que les héros de juillet
poursuivaient encore. L'étranger entra dans le
Palais-Royal et suivit la foule sous les galeries,
sans s'étonner de la lenteur à laquelle l'affluence
des curieux condamnait sa démarche, car il
semblait habitué à l'allure noble qu'on appelle
ironiquement un pas d'ambassadeur : mais sa
dignité sentait un peu le théâtre : quoique sa
figure fût belle et grave, son chapeau, d'où
s'échappait une touffe de cheveux noirs bouclés,
inclinait peut-être un peu trop sur l'oreille
droite, et démentait sa gravité par un air tant
soit peu mauvais sujet; ses yeux distraits et
à demi fermés laissaient tomber un regard dé-
daigneux sur la foule.

— Voilà un jeune homme qui est fort beau,
dit à voix basse une grisette en se rangeant
pour le laisser passer.

— Et qui le sait trop, répondit tout haut sa
compagne qui était laide.

Après un tour de galerie, le jeune homme
regarda tour à tour le ciel et sa montre, fit un
geste d'impatience, entra dans un bureau de
tabac, y alluma un cigarre, se posa devant une
glace, et jeta un regard sur son costume, un
peu plus riche que ne le permettent en France
les lois du goût. Il rajusta son col et son gilet
de velours noir sur lequel se croisait plusieurs
fois une de ces grosses chaînes d'or fabriquées
à Gênes ; puis, après avoir jeté par un seul
mouvement sur son épaule gauche son manteau doublé de velours en le drapant avec élé-
gance, il reprit sa promenade sans se laisser
distraire par les œillades bourgeoises qu'il re-
cevait. Quand les boutiques commencèrent à
s'illuminer et que la nuit lui parut assez noire,
il se dirigea vers la place du Palais-Royal en
homme qui craignait d'être reconnu, car il
côtoya la place jusqu'à la fontaine, pour gagner à l'abri des fiacres l'entrée de la rue

Froidmanteau, rue sale, obscure et mal han-
tée; une sorte d'égoût que la police tolère auprès du Palais-Royal assaini, de même qu'un
majordome italien laisserait un valet négligent
entasser dans un coin de l'escalier les balayures
de l'appartement. Le jeune homme hésitait.
On eût dit d'une bourgeoise endimanchée al-
longeant le cou devant un ruisseau grossi par
une averse. Cependant l'heure était bien choisie
pour satisfaire quelque honteuse fantaisie :
plus tôt on pouvait être surpris, plus tard on
pouvait être devancé.

S'être laissé convier par un de ces regards
qui encouragent sans être provoquans; avoir
suivi pendant une heure, pendant un jour
peut-être, une femme jeune et belle; l'avoir
divinisée dans sa pensée et avoir donné à sa
légèreté mille interprétations avantageuses;
s'être repris à croire aux sympathies soudaines,
irrésistibles; avoir imaginé sous le feu d'une

excitation passagère une aventure dans un siècle où les romans s'écrivent précisément parce qu'ils n'arrivent plus : avoir rêvé balcons, guitares, stratagèmes, verroux ; s'être drapé dans le manteau d'Almaviva ; après avoir écrit un poème dans sa fantaisie, s'arrêter à la porte d'un mauvais lieu ; puis, pour tout dénoûment, voir dans la retenue de sa Rosine une précaution imposée par un réglement de police, n'est-ce pas une déception par laquelle ont passé bien des hommes qui n'en conviendront pas, car les sentimens les plus naturels sont ceux qu'on avoue avec le plus de répugnance, et la fatuité est un de ces sentimens-là ? Quand la leçon ne va pas plus loin, un Parisien en profite ou l'oublie, et le mal n'est pas grand : mais il n'en devait pas être ainsi pour le Milanais, qui commençait à craindre de payer un peu cher son éducation parisienne.

Ce promeneur était un noble Milanais banni

de sa patrie, où quelques équipées libérales
l'avaient rendu suspect au gouvernement au-
trichien. Le comte Andrea Marcosini s'était
vu accueillir à Paris avec cet empressement
tout français qu'y rencontreront toujours un
esprit aimable, un nom sonore accompagnés
de deux cent mille livres de rente et d'un charmant extérieur. Pour lui l'exil devait être un
voyage de plaisir. Ses biens furent simplement
séquestrés, et ses amis l'informèrent qu'après
une absence de deux ans au plus, il pourrait
sans danger reparaître dans sa patrie. Après
avoir fait rimer *crudeli affanni* avec *i miei tiranni*
dans une douzaine de sonnets, et soutenu de
sa bourse les malheureux Italiens réfugiés, le
comte Andrea qui avait le malheur d'être
poète, se crut libéré de ses idées patriotiques.
Depuis son arrivée, il se livrait donc sans arrière-pensée aux plaisirs de tout genre que
Paris offre gratis à quiconque est assez riche

pour les acheter. Ses talens et sa beauté lui avaient valu bien des succès auprès des femmes qu'il aimait collectivement autant qu'il convenait à son âge, mais parmi lesquelles il n'en distinguait encore aucune. Ce goût était d'ailleurs subordonné en lui à ceux de la musique et de la poésie qu'il cultivait depuis l'enfance, et où il lui paraissait plus difficile et plus glorieux de réussir qu'en galanterie, puisque la nature lui épargnait les difficultés que les hommes aiment à vaincre. Homme complexe comme tant d'autres, il se laissait facilement séduire par les douceurs du luxe sans lequel il n'aurait pu vivre, de même qu'il tenait beaucoup aux distinctions sociales que ses opinions repoussaient. Aussi ses théories d'artiste, de penseur, de poète, étaient-elles souvent en contradiction avec ses goûts, avec ses sentimens, avec ses habitudes de gentilhomme millionnaire; mais il se consolait de ces non-sens en

les retrouvant chez beaucoup de Parisiens,
libéraux par intérêt, aristocrates par nature.

Il ne s'était donc pas surpris sans une vive
inquiétude, le 31 décembre 1830, à pied, par
un de nos dégels, attaché aux pas d'une femme
dont le costume annonçait une misère profonde, radicale, ancienne, invétérée, qui n'é-
tait pas plus belle que tant d'autres qu'il voyait
chaque soir aux Bouffons, à l'Opéra, dans le
monde, et certainement moins jeune que madame de Manerville, de laquelle il avait obtenu
un rendez-vous pour ce jour même, et qui
l'attendait peut-être encore. Mais il y avait
dans le regard à la fois tendre et farouche,
profond et rapide, que les yeux noirs de cette
femme lui dardaient à la dérobée, tant de dou-
leurs et tant de voluptés étouffées ! Mais elle
avait rougi avec tant de feu, quand, au sortir
d'un magasin où elle était demeurée un quart
d'heure, ses yeux s'étaient rencontrés avec

ceux du Milanais, qui l'avait attendue à quelques pas! Il y avait enfin tant de mais et de
si que le comte, envahi par une de ces tenta-
tions furieuses pour lesquelles il n'est de nom
dans aucune langue, même dans celle de l'orgie, s'était mis à sa poursuite, chassant enfin
à la grisette comme un vieux Parisien. Chemin
faisant, soit qu'il se trouvât suivre ou devan-
cer cette femme, il l'examinait dans tous les
détails de sa personne ou de sa mise, afin de
déloger le désir absurde et fou qui s'était bar-
ricadé dans sa cervelle. Il trouva bientôt à cette
revue un plaisir plus ardent que celui qu'il
avait goûté la veille en contemplant, sous les
ondes d'un bain parfumé, les formes irrépro-
chables d'une personne aimée. Parfois baissant
la tête, l'inconnue lui jetait le regard oblique
d'une chèvre attachée près de la terre, et se
voyant toujours poursuivie, elle hâtait le pas
comme si elle eût voulu fuir. Néanmoins,

quand un embarras de voitures ou tout autre
accident ramenait Andrea près d'elle, le noble
la voyait fléchir sous son regard, sans que
rien dans ses traits n'exprimât le dépit. Ces
signes certains d'une émotion combattue don-
nèrent le dernier coup d'éperon aux rêves dé-
sordonnés qui l'emportaient, et il galopa jusqu'à la rue Froidmanteau, où, après bien
des détours, l'inconnue entra brusquement,
croyant avoir dérobé sa trace à l'étranger, bien
surpris de ce manége.

Il faisait nuit. Deux femmes tatouées de
rouge, qui buvaient du cassis sur le comptoir
d'un épicier, virent la jeune femme et l'appe-
lèrent. L'inconnue s'arrêta sur le seuil de la
porte, répondit par quelques mots pleins de
douceur au compliment cordial qui lui fut
adressé, et reprit sa course. Andrea, qui marchait derrière elle, la vit disparaître dans une
des plus sombres allées de cette rue dont le

nom lui était inconnu. L'aspect repoussant de la maison où venait d'entrer l'héroïne de son roman lui causa comme une nausée. En reculant d'un pas pour l'examiner, il trouva près de lui un homme de mauvaise mine et lui demanda des renseignemens. L'homme appuya sa main droite sur un bâton noueux, posa la gauche sur sa hanche, et répondit par un seul mot : — Farceur !

Mais en toisant l'Italien, sur qui tombait la lueur du réverbère, sa figure prit une expression pateline. — Ah ! pardon, monsieur, reprit-il en changeant tout-à-coup de ton, il y a aussi un restaurant, une sorte de table d'hôte où la cuisine est fort mauvaise, et où l'on met du fromage dans la soupe. Peut-être monsieur cherche-t-il cette gargotte, car il est facile de voir au costume que monsieur est Italien ; les Italiens aiment beaucoup le velours et le fromage. Si monsieur veut que je lui indique un meilleur restaurant, j'ai à deux pas d'ici une tante qui aime beaucoup les étrangers.

Andrea releva son manteau jusqu'à ses moustaches et s'élança hors de la rue, poussé par le dégoût que lui causa cet incommode personnage dont l'habillement et les gestes étaient en harmonie avec la maison ignoble où venait d'entrer l'inconnue. Il retrouva avec délices les mille recherches de son appartement, et alla passer la soirée chez la marquise d'Espard pour tâcher de laver la souillure de cette fantaisie qui l'avait si tyranniquement dominé pendant une partie de la journée. Cependant lorsqu'il fut couché, par le recueillement de la nuit, il retrouva sa vision du jour, mais plus lucide et plus animée. L'inconnue marchait encore devant lui. Parfois, en traversant les ruisseaux, elle découvrait encore sa jambe ronde. Ses hanches nerveuses tressaillaient à

chacun de ses pas. Andrea voulait de nouveau
lui parler et n'osait, lui, Marcosini, noble
Milanais! Puis il la voyait entrant dans cette
allée obscure qui la lui avait dérobée, et il
se reprochait alors de ne l'y avoir point
suivie.

— Car enfin, se disait-il, si elle m'évitait et
voulait me faire perdre ses traces, elle m'aime.
Chez les femmes de cette sorte, la résistance
est une preuve d'amour. Si j'avais poussé plus
loin cette aventure, j'aurais fini peut-être par
y rencontrer le dégoût, et je dormirais tran-
quille.

Le comte avait l'habitude d'analyser ses sensations les plus vives, comme font involontai-
rement les hommes qui ont autant d'esprit que
de cœur, et il s'étonnait de revoir l'inconnue
de la rue Froidmanteau, non dans la pompe
idéale des visions, mais dans la nudité de ses
réalités affligeantes. Et néanmoins, si sa fantai-

sie avait dépouillé cette femme de la livrée de la misère, elle la lui aurait gâtée. Il la voulait, il la désirait, il l'aimait avec ses bas crottés, avec ses souliers éculés, avec son chapeau de paille de riz! il la voulait dans cette maison même où il l'avait vue entrer!

— Suis-je donc épris du vice? se disait-il tout effrayé. Je n'en suis pas encore là, j'ai vingt-trois ans et n'ai rien d'un vieillard blasé.

L'énergie même du caprice dont il se voyait le jouet le rassurait un peu. Cette singulière lutte, cette réflexion et cet amour à la course peuvent à juste titre surprendre quelques personnes habituées au train de Paris; mais elles doivent remarquer que le comte Andrea Marcosini n'était pas Français. Elevé entre deux abbés qui, d'après la consigne donnée par un père dévot, ne le lâchaient point, il n'avait pas

aimé une cousine à onze ans, ni séduit à douze
la femme de chambre de sa mère ; il n'avait
pas hanté ces colléges où l'enseignement le
plus perfectionné n'est pas celui que vend l'É-
tat ; enfin il n'habitait Paris que depuis trois
ans : il était donc encore accessible à ces im-
pressions soudaines et profondes contre lesquelles l'éducation et les mœurs françaises forment une égide si puissante. Dans les pays
méridionaux , de grandes passions naissent
souvent d'un coup-d'œil. Un gentilhomme gas-
con qui tempérait beaucoup de sensibilité par
beaucoup de réflexion, s'était approprié mille
petites recettes contre les soudaines apoplexies
de son esprit et de son cœur, avait conseillé
au comte de se livrer au moins une fois par
mois à quelque orgie magistrale pour conjurer
ces orages de l'ame qui, sans de telles précautions, éclatent souvent mal à propos. Andrea
se rappela le conseil.

— Eh bien! pensa-t-il, je commencerai demain, premier janvier.

Cet avant-scène explique pourquoi le comte Andrea Marcosini louvoyait si timidement pour entrer dans la rue Froidmanteau. L'homme élégant embarrassait l'amoureux, il hésita long-temps; mais après avoir fait un dernier appel à son courage, l'amoureux marcha d'un pas assez ferme jusqu'à la maison qu'il reconnut sans peine. Là il s'arrêta encore. Cette femme était-elle bien ce qu'il imaginait? N'allait-il pas faire quelque fausse démarche? Il se souvint alors de la table d'hôte italienne, et s'empressa de saisir un moyen terme qui servait à la fois son désir et sa répugnance. Il entra pour dîner, et se glissa dans l'allée au fond de laquelle il trouva, non sans tâtonner long-temps, les marches humides et grasses d'un escalier qu'un grand seigneur italien devait prendre pour une échelle. Attiré vers le

premier étage par une petite lampe posée à
terre et par une forte odeur de cuisine, il
poussa la porte entr'ouverte et vit une salle
brune de crasse et de fumée où trottait une
Léonarde occupée à parer une table d'environ
vingt couverts. Aucun des convives ne s'y trouvait encore. Après un coup-d'œil jeté sur cette
chambre mal éclairée, et dont le papier tombait en lambeaux, le noble alla s'asseoir près
d'un poële qui fumait et ronflait dans un coin.
Amené par le bruit que fit le comte en entrant
et déposant son manteau, le maître-d'hôtel se
montra brusquement. Figurez-vous un cuisinier
maigre, sec, d'une grande taille, doué d'un
nez fortement démesuré, et jetant autour de
lui, par momens et avec une vivacité fébrile,
un regard qui voulait paraître prudent. A l'aspect d'Andrea, dont toute la tenue annonçait
une grande aisance, *il signor* Giardini s'inclina
respectueusement. Le comte manifesta son dé-

sir de prendre habituellement ses repas en
compagnie de quelques compatriotes, paya d'a-
vance un certain nombre de cachets, et sut donner à la conversation une tournure familière
afin d'arriver promptement à son but. A peine
eût-il parlé de son inconnue, que le signor
Giardini fit un geste grotesque et regarda son
convive d'un air malicieux en laissant errer un
sourire sur ses lèvres.

— *Basta!* s'écria-t-il, *Capisco!* Votre sei-
gneurie est conduite ici par deux appétits. La
signora Gambara n'aura point perdu son temps,
si elle est parvenue à intéresser un seigneur
aussi généreux que vous paraissez l'être. En
peu de mots, je vous apprendrai tout ce que
nous savons ici sur cette pauvre femme, vrai-
ment bien digne de pitié. Son mari est né, je
crois, à Crémone, et arrive d'Allemagne; il
voulait faire prendre une nouvelle musique et
de nouveaux instrumens chez les *tedeschi!*

N'est-ce pas à faire pitié? dit Giardini en haussant les épaules. Il signor Gambara, qui se croit un grand compositeur, ne me paraît pas fort sur tout le reste. Galant homme d'ailleurs, plein de sens et d'esprit, quelquefois fort aimable, surtout quand il a bu quelques verres de vin, cas rare, vu sa profonde misère, il s'occupe nuit et jour à composer des opéras et des symphonies imaginaires, au lieu de chercher à gagner honnêtement sa vie. Sa pauvre femme est réduite à travailler pour toute sorte de monde, le monde de la rue! Que voulez-vous? elle aime son mari comme un père et le soigne comme un enfant. Beaucoup de jeunes gens ont dîné chez moi pour lui faire leur cour, mais pas un n'a réussi, dit-il en appuyant sur le dernier mot. La signora Marianna est sage, mon cher monsieur, trop sage pour son malheur! Les hommes ne donnent rien pour rien aujourd'hui. La pauvre femme

mourra à la peine. Vous croyez que son mari
la récompense de ce dévoûment! Bah! monsieur ne lui accorde pas un sourire. Leur cuisine se fait chez le boulanger, car, non seulement ce diable d'homme ne gagne pas un sou,
mais encore il dépense tout le fruit du travail de sa femme en instrumens qu'il taille,
qu'il allonge, qu'il raccourcit, qu'il démonte
et remonte jusqu'à ce qu'ils ne puissent plus
rendre que des sons à faire fuir les chats,
alors il est content. Et pourtant vous verrez en
lui le plus doux, le meilleur de tous les hommes, et nullement paresseux; il travaille toujours. Que vous dirai-je? il est fou et ne connaît pas son état. Je l'ai vu, limant et forgeant
ses instrumens, manger du pain noir avec un
appétit qui me faisait envie à moi-même, à
moi, monsieur, qui ai la meilleure table de
Paris. Oui, excellence, avant un quart d'heure
vous saurez quel homme je suis. J'ai introduit

dans la cuisine italienne des raffinemens qui
vous surprendront. Excellence, je suis Napolitain, c'est-à-dire né cuisinier. Mais à quoi
sert l'instinct sans la science? la science! j'ai
passé trente ans à l'acquérir, et voyez où elle
m'a conduit. Mon histoire est celle de tous les
hommes de talent! Mes essais, mes expériences ont ruiné trois restaurans successivement
fondés à Naples, à Parme et à Rome. Aujour-
d'hui, que je suis encore réduit à faire métier
de mon art, je me laisse aller le plus souvent
à ma passion dominante. Je sers à ces pauvres
réfugiés quelques-uns de mes ragoûts de pré-
dilection. Je me ruine ainsi! Sottise, direz-
vous? je le sais; mais que voulez-vous? le talent m'emporte, et je ne puis résister à con-
fectionner un mets qui me sourit. Ils s'en aper-
çoivent toujours, les gaillards. Ils savent bien,
je vous le jure, qui de ma femme ou de moi a
servi la batterie. Qu'arrive-t-il? de soixante et

quelques convives que je voyais chaque jour à ma table, à l'époque où j'ai fondé ce misérable restaurant, je n'en reçois plus aujourd'hui qu'une vingtaine environ à qui je fais crédit pour la plupart du temps. Les Piémontais, les Savoyards sont partis; mais les connaisseurs, les gens de goût, les vrais Italiens me sont restés. Aussi, pour eux, n'est-il sacrifice que je ne fasse! je leur donne bien souvent pour vingt-cinq sous par tête un dîner qui me revient au double.

La parole du signor Giardini sentait tant la naïve rouerie napolitaine, que le comte charmé se crut encore à Gérolamo.

— Puisqu'il en est ainsi, mon cher hôte, dit-il familièrement au cuisinier, puisque le hasard et votre confiance m'ont mis dans le secret de vos sacrifices journaliers, permettez-moi de doubler la somme.

En achevant ces mots, Andrea faisait tour-

ner sur le poêle une pièce de quarante francs,
sur laquelle le signor Giardini lui rendit reli-
gieusement deux francs cinquante centimes,
non sans quelques façons discrètes qui le ré-
jouirent fort.

— Dans quelques minutes, reprit Giardini,
vous allez voir votre *donnina*. Je vous placerai
près du mari, et si vous voulez être dans ses
bonnes graces, parlez musique. Je les ai invi-
tés tous deux. A cause du nouvel an, je régale
mes hôtes d'un mets dans la confection duquel
je crois m'être surpassé.....

La voix du signor Giardini fut couverte par
les bruyantes félicitations des convives qui vinrent deux à deux, un à un, assez capricieuse-
ment, suivant la coutume des tables d'hôte.
Giardini affectait de se tenir près du comte, et
faisait le cicerone en lui indiquant quels étaient
ses habitués. Il tâchait d'amener par ses lazzis

11.   8.

un sourire sur les lèvres d'un homme en qui
son instinct de Napolitain lui indiquait un riche protecteur à exploiter.

— Celui-ci, dit-il, est un pauvre compositeur, qui voudrait passer de la romance à l'o-
péra et ne peut. Il se plaint des directeurs, des
marchands de musique, de tout le monde, ex-
cepté de lui-même, et, certes, il n'a pas de plus
cruel ennemi. Vous voyez quel teint fleuri,
quel contentement de lui, combien peu d'efforts dans ses traits, si bien disposés pour la
romance. Celui qui l'accompagne, et qui a
l'air d'un marchand d'allumettes, est une des
plus grandes célébrités musicales : Gigelmi, le
plus grand chef d'orchestre italien connu, mais
il est sourd, et finit malheureusement sa vie,
privé de ce qui la lui embellissait. Oh! voici
notre grand Ottoboni, le plus naïf vieillard que
la terre ait porté, mais il est soupçonné d'être
le plus enragé de ceux qui veulent la régéné-

ration de l'Italie. Je me demande comment l'on peut bannir un si aimable vieillard?

Ici Giardini regarda le comte, qui, se sentant sondé du côté politique, se retrancha dans une immobilité toute italienne.

— Un homme obligé de faire la cuisine à tout le monde doit s'interdire d'avoir une opinion politique, excellence, dit le cuisinier en continuant. Mais tout le monde, à l'aspect de ce brave homme, qui a plus l'air d'un mouton que d'un lion, eût dit ce que je pense, devant l'ambassadeur d'Autriche lui-même. D'ailleurs nous sommes dans un moment où la liberté n'est plus proscrite et va recommencer sa tournée! Ils le croient du moins, dit-il, en s'approchant de l'oreille du comte, et pourquoi contrarirai-je leurs espérances! car moi, je ne hais pas l'absolutisme, excellence! Tout grand talent est absolutiste! Hé bien, quoique plein de génie, Ottoboni se donne des peines inouïes pour l'instruction de l'Italie : il compose des petits livres pour éclairer l'intelligence des enfans et des gens du peuple, il les fait passer très habilement en Italie, il prend tous les moyens de refaire un moral à notre pauvre patrie, qui préfère la jouissance à la liberté, peut-être avec raison !

Le comte gardait une attitude si impassible que le cuisinier ne put rien découvrir de ses véritables opinions politiques.

— Ottoboni, reprit-il, est un saint homme, il est très secourable, tous les réfugiés l'aiment, car, excellence, un libéral peut avoir des vertus ! Oh ! oh ! fit Giardini, voilà un journaliste, dit-il, en désignant un homme qui avait le costume ridicule que l'on donnait autrefois aux poètes logés dans les greniers, car son habit était râpé, ses bottes crevassées,

son chapeau gras, et sa redingote dans un état
de vétusté déplorable. Excellence, ce pauvre
homme est plein de talent et incorruptible. Il
s'est trompé sur son époque : il dit la vérité à
tout le monde, personne ne peut le souffrir.
Il rend compte des théâtres dans deux journaux obscurs, quoiqu'il soit assez instruit
pour écrire dans les grands journaux. Pauvre
homme ! Les autres ne valent pas la peine de
vous être indiqués, et votre excellence les de-
vinera, dit-il en s'apercevant à l'aspect de la
femme du compositeur que le comte ne l'écou-
tait plus.

En voyant Andrea, la signora Marianna
tressaillit et ses joues se couvrirent d'une vive
rougeur.

— Le voici, dit Giardini à voix basse en
serrant le bras du comte et lui montrant un
homme d'une grande taille. Voyez comme il

est pâle et grave le pauvre homme. Aujour-
d'hui le dada n'a pas trotté à son idée.

La préoccupation amoureuse d'Andrea fut
troublée par un charme saisissant qui signa-
lait Gambara à l'attention de tout véritable
artiste.

Le compositeur avait atteint sa quarantième
année ; mais quoique son front large et chauve
fût sillonné de quelques plis parallèles et peu
profonds, malgré ses tempes creuses où quelques veines nuançaient de bleu le tissu trans-
parent d'une peau lisse, malgré la profondeur
des orbites où s'encadraient ses yeux noirs
pourvus de larges paupières aux cils clairs, la
partie inférieure de son visage lui donnait tous
les semblans de la jeunesse par la tranquillité
des lignes et par la mollesse des contours. Le
premier coup d'œil disait à l'observateur que
chez cet homme la passion avait été étouffée

au profit de l'intelligence qui seule s'était vieillie dans quelque grande lutte.

Andrea jeta rapidement un regard à Marianna qui l'épiait. A l'aspect de cette belle tête italienne dont les proportions exactes et la splendide coloration révélaient une de ces organisations où toutes les forces humaines sont harmoniquement balancées, il mesura l'abîme qui séparait ces deux êtres unis par le hasard. Heureux du présage qu'il voyait dans cette dissemblance entre les deux époux, il ne songeait point à se défendre d'un sentiment qui devait élever une barrière entre la belle Marianna et lui. Il ressentait déjà pour cet homme dont elle était l'unique bien, une sorte de pitié respectueuse en devinant la digne et sereine infortune qu'accusait le regard doux et mélancolique de Gambara. Après s'être attendu à rencontrer dans cet homme un de ces personnages grotesques si souvent mis en scène par les conteurs allemands et par les poètes de *libretti*, il trouvait un homme simple et réservé dont les manières et la tenue, exemptes de toute étrangeté, ne manquaient pas de noblesse. Sans offrir la moindre apparence de luxe, son costume était plus convenable que ne le comportait sa profonde misère, et son linge attestait la tendresse qui veillait sur les moindres détails de sa vie.

Andrea leva des yeux humides sur Marianna, qui ne rougit point et laissa échapper un demi-sourire où perçait peut-être l'orgueil que lui inspira ce muet hommage. Trop sérieusement épris pour ne pas épier le moindre indice de retour, le comté se crut aimé en se voyant si bien compris. Dès lors il s'occupa de la conquête du mari plutôt que de celle de la femme, en dirigeant toutes ses batteries contre le pauvre Gambara, qui, ne se doutant de rien, avalait sans les goûter les *bocconi* du signor

Giardini. Le comte entama la conversation sur un sujet banal ; mais, dès les premiers mots, il tint cette intelligence, prétendue aveugle peut-être sur un point, pour fort clairvoyante sur tous les autres, et vit qu'il s'agissait moins de caresser la fantaisie de ce malicieux bonhomme que de tâcher de comprendre ses idées.

Les convives, gens affamés dont l'esprit se réveillait à l'aspect d'un repas bon ou mauvais, laissaient percer les dispositions les plus hostiles au pauvre Gambara, et n'attendaient que le potage pour donner l'essor à leurs plaisanteries. Un réfugié, dont les œillades fréquentes trahissaient de prétentieux projets sur Marianna, et qui croyait se placer bien avant dans le cœur de l'Italienne en cherchant à répandre le ridicule sur son mari, commença le feu pour mettre le nouveau venu au fait des mœurs de la table d'hôte.

— Voici bien du temps que nous n'enten-
dons plus parler de l'opéra de Mahomet, s'é-
cria-t-il en souriant à Marianna, serait-ce que
tout entier aux soins domestiques, absorbé par
les douceurs du pot au feu, Paolo Gambara
négligerait un talent surhumain, laisserait re-
froidir son génie et attiédir son imagination?

Gambara connaissait tous les convives, il se
sentait placé dans une sphère si supérieure
qu'il ne prenait plus la peine de repousser leurs
attaques, il ne répondit point.

— Il n'est pas donné à tout le monde, reprit
le journaliste, d'avoir assez d'intelligence pour
comprendre les élucubrations musicales de
monsieur, et là sans doute est la raison qui
empêche notre divin maestro de se produire
aux bons Parisiens.

— Cependant, dit le compositeur de romances qui n'avait encore ouvert la bouche que pour y engloutir tout ce qui se présentait, je connais des gens à talent qui font un certain cas du jugement des Parisiens. J'ai quelque réputation en musique, ajouta-t-il d'un air modeste, je ne la dois qu'à mes petits airs de vaudeville et au succès qu'obtiennent mes contredanses dans les salons ; mais je compte faire bientôt exécuter une messe composée pour l'anniversaire de la mort de Beethoven, et je crois que je serai mieux compris à Paris que partout ailleurs. Monsieur me fera-t-il l'honneur d'y assister ? dit-il en s'adressant à Andrea.

— Merci, répondit le comte, je ne me sens pas doué des organes nécessaires à l'appréciation des chants français. Mais si vous étiez mort, monsieur, et que Beethoven eût fait la messe, je ne manquerais pas d'aller l'entendre.

Cette plaisanterie fit cesser l'escarmouche de ceux qui voulaient mettre Gambara sur la voie de ses lubies, afin de divertir le nouveau venu. Andrea sentait déjà quelque répugnance à donner une folie si noble et si touchante en spectacle à tant de vulgaires sagesses. Il poursuivit sans arrière-pensée un entretien à bâtons rompus, pendant lequel le nez du signor Giardini s'interposa souvent à deux répliques. A chaque fois qu'il échappait à Gambara quelque plaisanterie de bon ton ou quelque aperçu paradoxal, le cuisinier avançait la tête, jetait au musicien un regard de pitié, un regard d'intelligence au comte, et lui disait à l'oreille : — *E matto !* Un moment vint où le cuisinier interrompit le cours de ces observations judicieuses, pour s'occuper du second service auquel il attachait la plus grande importance. Pendant son absence, qui dura peu, Gambara se pencha vers l'oreille d'Andrea.

— Ce bon Giardini, lui dit-il à demi-voix, nous a menacés aujourd'hui d'un plat de son métier que je vous engage à respecter, quoique sa femme en ait surveillé la préparation. Le brave homme a la manie des innovations en cuisine. Il s'est ruiné en essais dont le dernier l'a forcé à partir de Rome sans passeport, circonstance sur laquelle il se tait. Après avoir acheté un restaurant en réputation, il fut chargé d'un gala que donnait un cardinal nouvellement promu et dont la maison n'était pas encore montée. Giardini crut avoir trouvé une occasion de se distinguer, il y parvint : le soir même, accusé d'avoir voulu empoisonner tout le conclave, il fut contraint de quitter Rome et l'Italie sans faire ses malles. Ce malheur lui a porté le dernier coup, et maintenant...

Gambara se posa un doigt au milieu de son front, et secoua la tête.

— D'ailleurs, ajouta-t-il, il est bon homme. Ma femme assure que nous lui avons beaucoup d'obligations.

Giardini parut portant avec précaution un plat qu'il posa au milieu de la table, après quoi il revint modestement se placer auprès d'Andrea, qui fut servi le premier. Dès qu'il eut goûté ce mets, le comte trouva un intervalle infranchissable entre la première et la seconde bouchée. Son embarras fut grand, il tenait fort à ne point mécontenter le cuisinier qui l'observait attentivement. Si le restaurateur français se soucie peu de voir dédaigner un mets dont le paiement est assuré, il ne faut pas croire qu'il en soit de même d'un restaurateur italien à qui souvent l'éloge ne suffit pas. Pour gagner du temps, Andrea complimenta chaleureusement Giardini, mais il se pencha vers l'oreille du cuisinier, lui glissa sous la table une pièce d'or, et le pria d'aller acheter quelques bouteilles de vin de Champagne en le laissant libre de s'attribuer tout l'honneur de cette libéralité. Quand le cuisinier reparut, toutes les assiettes étaient vides, et la salle retentissait des louanges du maître-d'hôtel. Le vin de Champagne échauffa bientôt les têtes italiennes, et la conversation, jusqu'alors contenue par la présence d'un étranger, sauta par dessus les bornes d'une réserve soupçonneuse pour se répandre çà et là dans les champs immenses des théories politiques et artistiques. Andrea, qui ne connaissait d'autres ivresses que celles de l'amour et de la poésie, se rendit bientôt maître de l'attention générale, et conduisit habilement la discussion sur le terrain des questions musicales.

— Veuillez m'apprendre, monsieur, dit-il au faiseur de contredanses, comment le Napoléon des petits airs s'abaisse à détrôner Pales-

trina, Pergolèse, Mozart, pauvres gens qui
vont plier bagage aux approches de cette foudroyante messe de mort ?

— Monsieur, dit le compositeur, un musicien est toujours embarrassé de répondre
quand sa réponse exige le concours de cent
exécutans habiles. Mozart, Haydn, et Beethoven sans orchestre, étaient peu de
chose.

— Peu de chose, reprit le comte, mais tout
le monde sait que l'auteur immortel de *Don
Juan* et du *Requiem* s'appelle Mozart, et j'ai le
malheur d'ignorer celui du fécond inventeur
des contredanses qui ont tant de vogue dans
les salons.

— La musique existe indépendamment de
l'exécution, dit le chef d'orchestre, qui, malgré sa surdité, avait saisi quelques mots de

la discussion. En ouvrant la symphonie en *ut mineur* de Beethoven, un homme de musique est bientôt transporté dans le monde de la fantaisie sur les ailes d'or du thème en *sol naturel*, répété en *mi* par les cors; il voit toute une nature tour à tour éclairée par d'éblouissantes gerbes de lumières, assombrie par des nuages de mélancolie, égayée par des chants divins.

— Beethoven est dépassé par la nouvelle école, dit dédaigneusement le compositeur de romances.

— Il n'est pas encore compris, dit le comte, comment serait-il dépassé?

Ici Gambara but un grand verre de vin de Champagne, et accompagna sa libation d'un demi-sourire approbateur.

— Beethoven, reprit le comte, a reculé les

bornes de la musique instrumentale, et personne ne l'a suivi.

Gambara réclama par un mouvement de tête.

— Ses ouvrages sont surtout remarquables par la simplicité du plan, et par la manière dont ce plan est suivi, reprit le comte. Chez la plupart des compositeurs, les parties d'orchestre folles et désordonnées ne s'entrelacent que pour produire l'effet du moment, elles ne concourent pas toujours à l'ensemble du morceau par la régularité de leur marche. Chez Beethoven, les effets sont pour ainsi dire distribués d'avance. Semblables aux différens régimens qui contribuent par des mouvemens réguliers au gain de la bataille, les parties d'orchestre des symphonies de Beethoven suivent les ordres donnés dans l'intérêt général, et sont subordonnées à des plans admirablement bien conçus. Il y a parité sous ce rapport chez un génie d'un autre genre. Dans les magnifiques compositions historiques de Walter Scott, le personnage le plus en dehors de l'action vient, à un moment donné, par des fils tissus dans la trame de l'intrigue, se rattacher au dénoûment.

— *E vero!* dit Gambara à qui le bon sens semblait revenir en sens inverse de sa sobriété.

Voulant pousser l'épreuve plus loin, Andrea oublia pour un moment toutes ses sympathies, il se prit à battre en brèche la réputation européenne de Rossini, et fit à l'école italienne ce procès qu'elle gagne chaque soir depuis trente ans sur plus de quarante théâtres en Europe. Il avait fort à faire assurément. Les premiers mots qu'il prononça élevèrent autour de lui une sourde rumeur d'improbation; mais ni

les interruptions fréquentes, ni les exclamations, ni les froncemens de sourcils, ni les regards de pitié n'arrêtèrent l'admirateur forcené
de Rossini.

— Comparez, dit-il, les productions sublimes de l'auteur dont je viens de parler, avec
ce qu'on est convenu d'appeler musique italienne : quelle inertie de pensées! quelle lâ-
cheté de style! Ces tournures uniformes, cette
banalité de cadences, ces éternelles fioritures
jetées au hasard, n'importe la situation, ce
monotone *crescendo* que Rossini a mis en vogue
et qui est aujourd'hui partie intégrante de toute
composition ; enfin ces rossignolades forment
une sorte de musique bavarde, caillette, par-
fumée, qui n'a de mérite que par le plus ou
moins de facilité du chanteur et la légèreté de
sa vocalisation. L'école italienne a perdu de
vue la haute mission de l'art. Au lieu d'élever
la foule jusqu'à elle, elle est descendue jus-

qu'à la foule; elle n'a conquis sa vogue qu'en acceptant des suffrages de toutes mains, en s'adressant aux intelligences vulgaires qui sont en majorité. Cette vogue est un escamotage de carrefour. Enfin, les compositions de Rossini en qui cette musique est personnifiée, ainsi que celles des maîtres qui procèdent plus ou moins de lui, me semblent dignes tout au plus d'amasser dans les rues le peuple autour d'un orgue de Barbarie, et d'accompagner les entrechats de Polichinelle. J'aime encore mieux la musique française, et c'est tout dire. Vive la musique allemande!... Quand elle sait chanter, ajouta-t-il à voix basse.

Cette sortie résuma une longue thèse dans laquelle Andrea s'était soutenu pendant plus d'un quart d'heure dans les plus hautes régions de la métaphysique, avec l'aisance d'un somnambule qui marche sur les toits. Vivement intéressé par ces subtilités, Gambara

n'avait pas perdu un mot de toute la discussion ; il prit la parole aussitôt qu'Andrea parut
l'avoir abandonnée, et il se fit alors un mouvement d'attention parmi tous les convives,
dont plusieurs se disposaient à quitter la
place.

— Vous attaquez bien vivement l'école italienne, reprit Gambara fort animé par le vin
de Champagne, ce qui d'ailleurs m'est assez
indifférent. Grace à Dieu, je suis en dehors de
ces pauvretés harmoniques ! Mais un homme du
monde montre peu de reconnaissance pour
cette terre classique de qui l'Allemagne et la
France tinrent leurs premières leçons. Pendant
que les compositions de Carissimi, Cavalli,
Scarlati, Rossi s'exécutaient dans toute l'Italie, les violonistes de l'Opéra de Paris avaient
le singulier privilége de jouer du violon avec
des gants. Lulli, qui étendit l'empire de l'harmonie, le premier classa les dissonances, ne

trouva, à son arrivée en France, qu'un cuisinier et un maçon qui eussent des voix et l'intelligence suffisante pour exécuter sa musique :
il fit un tenor du premier, et métamorphosa le
second en basse-taille. Dans ce temps-là, l'Allemagne, à l'exception de Sébastien Bach,
ignorait la musique. Mais, monsieur, dit Gambara du ton humble d'un homme qui craint de
voir ses paroles accueillies par le dédain ou
par la malveillance, quoique jeune, vous avez
long-temps étudié ces hautes questions de l'art,
sans quoi vous ne les exposeriez pas avec tant
de clarté.

Ce mot fit sourire une partie de l'auditoire,
qui n'avait rien compris aux distinctions éta-
blies par Andrea ; Giardini, persuadé que le
comte n'avait débité que des phrases sans suite,
le poussa légèrement en riant sous cape d'une
mystification dont il aimait à le croire com-
plice.

— Il y a dans tout ce que vous venez de nous dire beaucoup de choses qui me paraissent fort sensées, dit Gambara en poursuivant, mais prenez garde! Votre plaidoyer, en flétrissant le sensualisme italien, me paraît incliner vers l'idéalisme allemand, qui n'est pas une moins funeste hérésie. Si les hommes d'imagination et de sens, tels que vous, ne désertent un camp que pour passer à l'autre, s'ils ne savent pas rester neutres entre les deux excès, nous subirons éternellement l'ironie des sophistes qui nient le progrès, et qui comparent le génie de l'homme à cette nappe, laquelle, trop courte pour couvrir entièrement la table du signor Giardini, n'en pare une des extrémités qu'aux dépens de l'autre.

Giardini bondit sur sa chaise comme si un taon l'eût piqué. Mais une réflexion soudaine le rendit à sa dignité d'amphitryon, il leva les yeux au ciel, et poussa de nouveau le comte,

qui commençait à croire son hôte plus fou que
Gambara. La façon grave et religieuse dont
l'artiste parlait de l'art l'intéressait au plus haut
point. Placé entre ces deux folies, dont l'une
était si noble et l'autre si vulgaire, et qui se
bafouaient mutuellement au grand divertisse-
ment de la foule, il y eut un moment où il se
vit ballotté entre le sublime et la parodie, ces
deux farces de toute création humaine. Rom-
pant alors la chaîne des transitions incroya-
bles qui l'avaient amené dans ce bouge en-
fumé, il se crut le jouet de quelque hal-
lucination étrange, et ne regarda plus
Gambara et Giardini que comme deux abstractions.

Cependant, à un dernier lazzi du chef d'orchestre qui répondit à Gambara, les convives
s'étaient retirés en riant aux éclats. Giardini
s'en alla préparer le café qu'il voulait offrir à
l'élite de ses hôtes. Sa femme enlevait le cou-

vert. Le comte placé près du poêle, entre Marianna et Gambara, était précisément dans la situation que le fou trouvait si désirable : il avait à gauche le sensualisme, et l'idéalisme à droite. Gambara, rencontrant pour la première fois un homme qui ne lui riait point au nez, ne tarda pas à sortir des généralités pour parler de lui-même, de sa vie, de ses travaux et de la régénération musicale dont il se croyait le Messie.

— Ecoutez, vous qui ne m'avez point insulté jusqu'ici ! je veux vous raconter ma vie, non pour faire parade d'une constance qui ne vient point de moi, mais pour la plus grande gloire de celui qui a mis en moi sa force. Vous semblez bon et pieux ; si vous ne croyez point en moi, au moins vous me plaindrez : la pitié est de l'homme, la foi vient de Dieu.

Andrea, rougissant, ramena sous sa chaise un pied qui effleurait celui de la belle Marianna, et concentra son attention sur elle, tout en écoutant Gambara.

CHAPITRE II.

VIE DU SIGNOR PAOLO GAMBARA.

— Je suis né à Crémone d'un facteur d'instrumens, assez bon exécutant, mais plus fort compositeur, reprit le musicien. J'ai donc pu connaître de bonne heure les lois de la construction musicale, dans sa double expression matérielle et spirituelle, et faire en enfant curieux des remarques qui plus tard se sont représentées dans l'esprit de l'homme fait. Les

Français nous chassèrent, mon père et moi, de
notre maison. Nous fûmes ruinés par la guerre.
Dès l'âge de dix ans, j'ai donc commencé la vie
errante à laquelle ont été condamnés presque
tous les hommes qui roulèrent dans leur tête
des innovations d'art, de science ou de politique. Le sort ou les dispositions de leur esprit, qui ne cadrent point avec les comparti-
mens où se tiennent les bourgeois, les entraî-
nent providentiellement sur les points où ils
doivent recevoir leurs enseignemens. Sollicité
par ma passion pour la musique, j'allais de
théâtre en théâtre par toute l'Italie en vivant
de peu, comme on vit là. Tantôt je faisais la
basse dans un orchestre, tantôt je me trouvais
sur le théâtre dans les chœurs, ou sous le théâtre avec les machinistes; j'étudiais ainsi la musique dans tous ses effets, interrogeant l'instrument et la voix humaine, me demandant
en quoi ils diffèrent, en quoi ils s'accordent,

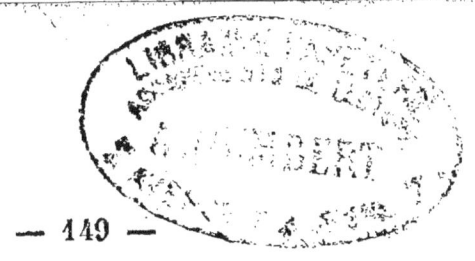

écoutant les partitions et appliquant les lois
que mon père m'avait apprises. Souvent je
voyageais en raccommodant des instrumens.
C'était une vie sans pain, dans un pays où
brille toujours le soleil, où l'art est partout,
mais où il n'y a d'argent nulle part pour l'artiste, depuis que Rome n'est plus que de nom
seulement la reine du monde chrétien. Tantôt
bien accueilli, tantôt chassé pour ma misère,
je ne perdais point courage; j'écoutais les voix
intérieures qui m'annonçaient la gloire! La musique me paraissait être dans l'enfance. Cette
opinion, je l'ai conservée. Tout ce qui nous
reste du monde musical antérieur au dix-sep-
tième siècle, m'a prouvé que les anciens auteurs n'ont connu que la mélodie; ils ignoraient
l'harmonie et ses immenses ressources. La musique est tout à la fois une science et un art:
les racines qu'elle a dans la ph...
mathématiques en font une science; elle de-

vient un art par l'inspiration qui emploie à son
insu les théorèmes de la science. Elle tient à
la physique par l'essence même de la substance
qu'elle emploie, car le son est de l'air modifié;
l'air est composé de principes, lesquels trouvent sans doute en nous des principes analogues qui leur répondent, sympathisent et s'a-
grandissent par le pouvoir de la pensée. Ainsi
l'air doit contenir autant de particules d'élas-
ticités différentes, et capables d'autant de vibrations de durées diverses qu'il y a de tons
dans les corps sonores, et ces particules per-
çues par notre oreille, mises en œuvre par le
musicien, répondent à des idées suivant nos organisations. Selon moi, la nature du son est
identique à celle de la lumière. Le son est la
lumière sous une autre forme : l'une et l'autre
procèdent par des vibrations qui aboutissent à
l'homme et qu'il transforme en pensées dans
ses centres nerveux. La musique, de même que

la peinture, emploie des corps qui ont la faculté de dégager telle ou telle propriété de la substance - mère, pour en composer des tableaux; en musique, les instrumens font l'office des couleurs qu'emploie le peintre. Du moment où tout son produit par un corps sonore est toujours accompagné de sa tierce majeure et de sa quinte, qu'il affecte des grains de poussière placés sur un parchemin tendu, de manière à y tracer des figures d'une construction géométrique toujours les mêmes, suivant les différens volumes du son, régulières quand on fait un accord, mais sans formes exactes quand on produit des dissonnances, je dis que la musique est un art tissu dans les entrailles même de la nature; elle a ses lois physiques et mathématiques. Les lois physiques sont peu connues, les lois mathématiques le sont davantage; depuis qu'on a commencé à étudier leurs relations, on a créé l'harmonie, à laquelle nous avons dû Haydn, Mozart, Beethoven et Rossini, beaux génies qui certes ont produit une musique plus perfectionnée que celle de leurs devanciers, gens dont d'ailleurs le génie est incontestable. Les vieux maîtres chantaient au lieu de disposer de l'art et de la science, noble alliance qui permet de fondre en un tout les belles mélodies et la puissante harmonie. Or, si la découverte des lois mathématiques a donné ces quatre grands musiciens, où n'irions-nous pas si nous trouvions les lois physiques en vertu desquelles (saisissez bien ceci) nous rassemblons, en plus ou moins grande quantité, suivant des proportions à rechercher, une certaine substance éthérée, répandue dans l'air, et qui nous donne la musique aussi bien que la lumière, les phénomènes de la végétation aussi bien que ceux de la zoologie! Comprenez-vous? Ces lois nouvelles armeraient le compositeur de pouvoirs

nouveaux en lui offrant des instrumens supérieurs aux instrumens actuels, et peut-être
une harmonie grandiose comparée à celle qui
régit aujourd'hui la musique. Si chaque son
modifié répond à une puissance, il faut la
connaître pour marier toutes ces forces d'après
leurs véritables lois, car les compositeurs tra-
vaillent sur des substances qui leur sont inconnues. Pourquoi l'instrument de métal et
l'instrument de bois, le basson et le cor, se
ressemblent-ils si peu tout en employant les
mêmes substances, c'est-à-dire les gaz consti-
tuans de l'air ? Leurs dissemblances procèdent
d'une décomposition quelconque de ces gaz,
ou d'une appréhension des principes qui leur
sont propres et qu'ils renvoient modifiés, en
vertu de facultés inconnues. Si nous connais-
sions ces facultés, ou la science ou l'art y ga-
gnerait, et ce qui étend la science étend l'art.
Eh bien, ces découvertes, je les ai flairées et

je les ai faites. Oui, dit Gambara en s'ani-
mant, jusqu'ici l'homme a plutôt noté les effets
que les causes ! S'il pénétrait les causes, la
musique deviendrait le plus grand de tous les
arts. N'est-il pas celui qui pénètre le plus avant
dans l'ame ? Vous ne voyez que ce que la peinture vous montre, vous n'entendez que ce que
le poète vous dit ; mais la musique va bien au-
delà ! Ne forme-t-elle pas votre pensée, ne ré-
veille-t-elle pas les souvenirs engourdis ? Voici
mille ames dans une salle : un motif s'élance
du gosier de la Pasta, dont l'exécution répond
bien aux pensées qui brillaient dans l'ame de
Rossini quand il écrivit son air. La phrase de
Rossini transmise dans ces ames y développe
autant de poèmes différens : à celui-ci se montre
une femme long-temps rêvée, à celui-là je ne
sais quelle rive le long de laquelle il a cheminé,
dont il revoit les saules traînans, l'onde claire
et les espérances qui dansaient sous les ber-

ceaux feuillus; cette femme se rappelle les mille sentimens qui la torturèrent pendant une heure de jalousie; l'une pense aux vœux non satisfaits de son cœur et se peint avec les riches couleurs du rêve un être idéal à qui elle se livre en éprouvant les délices de la femme caressant sa chimère dans la mosaïque romaine; l'autre songe que le soir même elle réalisera quelque désir, et se plonge par avance dans le torrent des voluptés, en en recevant les ondes bondissantes sur sa poitrine en feu. La musique seule a la puissance de nous faire rentrer en nous-mêmes; les autres arts nous donnent des plaisirs excentriques. Mais je m'égare!.... Telles furent mes premières idées, bien vagues, car un inventeur ne fait d'abord qu'entrevoir une sorte d'aurore. Je portais donc ces glorieuses idées au fond de mon bissac, elles me faisaient manger gaiement la croûte séchée que je trempais souvent dans l'eau des

fontaines. Je travaillais, je composais des airs,
et après les avoir exécutés sur un instrument
quelconque, je reprenais mes courses à travers
l'Italie. Enfin, à l'âge de vingt-deux ans, je vins
habiter Venise, où je goûtai pour la première
fois le calme, et me trouvai dans une situation
supportable. J'y fis la connaissance d'un vieux
noble vénitien à qui mes idées plurent, qui
m'encouragea dans mes recherches, et me fit
employer au théâtre de la Fenice. La vie était
à bon marché, le logement coûtait peu. J'occu-
pais un appartement dans ce palais Capello,
d'où sortit un soir la fameuse Bianca, et qùi
devint grande-duchesse de Toscane. Je me
figurais que ma gloire inconnue partirait de là
pour se faire aussi couronner quelque jour. Je
passais les soirées au théâtre, et les journées au
travail. J'eus un désastre. La représentation
d'un opéra dans la partition duquel j'avais
essayé ma musique fit *fiasco*. On ne comprit

rien à ma musique des Martyrs. Donnez du
Beethoven aux Italiens, ils n'y sont plus. Personne n'avait la patience d'attendre un effet
préparé par des motifs différens que donnait
chaque instrument, et qui devaient se rallier
dans un grand ensemble. J'avais fondé quelques espérances sur l'opéra des Martyrs, car
nous nous escomptons toujours le succès, nous
autres amans de la bleue déesse ! Quand on se
croit destiné à produire de grandes choses, il
est difficile de ne pas les laisser pressentir ; le
boisseau a toujours des fentes par où passe la
lumière. Dans cette maison se trouvait la famille de ma femme, et l'espoir d'avoir la main
de Marianna, qui me souriait souvent de sa
fenêtre, avait beaucoup contribué à mes efforts.
Je tombai dans une noire mélancolie en mesu-
rant la profondeur de l'abîme où j'étais tombé,
car j'entrevoyais clairement une vie de misère,
une lutte constante où devait périr l'amour.

Marianna fit comme le génie : elle sauta les pieds joints par dessus toutes les difficultés. Je ne vous dirai pas le peu de bonheur qui dora le commencement de mes infortunes. Épouvanté de ma chute, je jugeai que l'Italie, peu compréhensive et endormie dans les flonflons de la routine, n'était point disposée à recevoir les innovations que je méditais ; je songeai donc à l'Allemagne.

En voyageant dans ce pays, où j'allai par la Hongrie, j'écoutais les mille voix de la nature, et je m'efforçais de reproduire ces sublimes harmonies à l'aide d'instrumens que je composais ou modifiais dans ce but. Ces essais comportaient des frais énormes qui eurent bientôt absorbé notre épargne. Ce fut cependant notre plus beau temps, car je fus apprécié en Allemagne. Je ne connais rien de plus grand dans ma vie que cette époque. Je ne saurais rien comparer aux sensations tumultueuses qui m'as-

saillaient près de Marianna, dont la beauté re-
vêtit alors un éclat et une puissance céleste.
Faut-il le dire? je fus heureux. Pendant ces
heures de faiblesse, plus d'une fois je fis parler à ma passion le langage des harmonies ter-
restres. Il m'arriva de composer quelques-unes
de ces mélodies qui ressemblent à des figures
géométriques et que l'on prise beaucoup dans
le monde où vous vivez. Aussitôt que j'eus du
succès, je rencontrai d'invincibles obstacles
multipliés par mes confrères, tous pleins de
mauvaise foi ou d'ineptie. J'avais entendu parler de la France comme d'un pays où les in no-
vations étaient favorablement accueillies, je
voulus y aller; ma femme trouva quelques ressources, et nous arrivâmes à Paris. Jusqu'alors
on ne m'avait point ri au nez; mais dans cette
affreuse ville il me fallut supporter ce nouveau
genre de supplice, auquel la misère vint bientôt
ajouter ses poignantes angoisses. Réduit à n ous

loger dans ce quartier infect, nous vivons depuis plusieurs mois du seul travail de Marianna, qui a mis son aiguille au service des malheureuses prostituées qui font de cette rue leur galerie. Marianna assure qu'elle a rencontré chez ces pauvres femmes des égards et de la générosité, ce que j'attribue à l'ascendant d'une vertu si pure que le vice lui-même est contraint de la respecter.

— Espérez, lui dit Andrea. Peut-être êtes-vous arrivé au terme de vos épreuves. En attendant que mes efforts unis aux vôtres aient mis vos travaux en lumière, permettez à un compatriote, à un artiste comme vous, de vous offrir quelques avances sur l'infaillible succès de votre partition.

— Tout ce qui rentre dans les conditions de la vie matérielle est du ressort de ma femme, lui répondit Gambara, elle décidera de ce que nous pouvons accepter sans rougir d'un galant homme

tel que vous paraissez l'être. Pour moi, qui de-
long-temps ne me suis laissé aller à de si longues confidences, je vous demande la permission de vous quitter. Je vois une mélodie qui
m'invite : elle passe et danse devant moi, nue
et frissonnante comme une belle fille qui demande à son amant les vêtemens qu'il tient cachés. Adieu, il faut que j'aille habiller une
maîtresse, je vous laisse ma femme.

Il s'échappa comme un homme qui se reprochait d'avoir perdu un temps précieux, et Marianna embarrassée voulut le suivre. Andrea
n'osait la retenir. Giardini vint à leur secours à
tous deux.

— Vous avez entendu, signorina, dit-il. Votre
mari vous a laissé plus d'une affaire à régler
avec le seigneur comte.

Marianna se rassit, mais sans lever les yeux
sur Andrea, qui hésitait à lui parler.

— La confiance du signor Gambara, dit Andrea d'une voix émue, ne me vaudra-t-elle pas celle de sa femme ? la belle Marianna refusera-t-elle de me faire connaître l'histoire de sa vie ?

— Ma vie, répondit Marianna, ma vie est celle des lierres. Si vous voulez connaître l'histoire de mon cœur, il faut me croire aussi exempte d'orgueil que dépourvue de modestie pour m'en demander le récit après ce que vous venez d'entendre.

— Et à qui le demanderai-je ? s'écria le comte, chez qui la passion éteignait déjà tout esprit.

— A vous-même, répliqua Marianna. Ou vous m'avez déjà comprise, ou vous ne me comprendrez jamais. Essayez de vous interroger.

— J'y consens, mais vous m'écouterez. Cette main que je vous ai prise, vous la laisserez

dans la mienne aussi long-temps que mon récit sera fidèle.

— J'écoute, dit Marianna.

— La vie d'une femme commence à sa première passion, dit Andrea; ma chère Marianna
a commencé à vivre seulement du jour où elle a
vu pour la première fois Paolo Gambara. Il lui
fallait une passion profonde à savourer, il lui
fallait surtout quelque intéressante faiblessse à
protéger, à soutenir. La belle organisation de
femme dont elle est douée appelle peut-être
moins encore l'amour que la maternité. Vous
soupirez, Marianna? J'ai touché une des plaies
vives de votre cœur. C'était un beau rôle à
prendre pour vous, si jeune, que celui de pro-
tectrice d'une belle intelligence égarée. Vous
vous disiez : il sera mon génie, moi je serai sa
raison, à nous deux nous ferons cet être presque divin qu'on appelle un ange, cette sublime
créature qui jouit et comprend, sans que la sa-

gesse étouffe l'amour. Puis, dans le premier
élan de la jeunesse, vous avez entendu ces mille
voix de la nature que le poéte voulait reproduire. L'enthousiasme vous saisissait quand il
étalait devant vous ces trésors de poésie dont
il cherchait en vain la formule dans le langage
sublime mais borné de la musique, et vous
l'admiriez pendant qu'une exaltation délirante
l'emportait loin de vous, mais vous aimiez à
croire que toute cette énergie déviée serait enfin
ramenée à l'amour. Vous ignoriez l'empire ty-
rannique et jaloux que la pensée exerce sur les
cerveaux qui s'éprennent d'amour pour elle.
Gambara s'était donné, avant de vous connaître,
à l'orgueilleuse et entière maîtresse à qui vous
l'avez disputé en vain jusqu'à ce jour. Un seul
instant vous avez entrevu le bonheur. Retombé
des hauteurs où son esprit planait sans cesse,
il s'étonna de trouver la réalité si douce, vous
avez pu croire que sa folie s'endormirait dans

les bras de l'amour. Mais bientôt la musique
reprit sa proie. Le mirage éblouissant qui vous
avait tout-à-coup transportée au milieu des délices d'une passion partagée rendit plus morne
et plus aride la voie solitaire où vous vous étiez
engagée. Dans le récit que votre mari vient de
nous faire, comme dans le contraste frappant
de vos traits et des siens, j'ai entrevu les secrètes angoisses de votre vie, les douloureux
mystères de cette union mal assortie dans laquelle vous avez pris le lot des souffrances. Si
votre conduite fut toujours aussi héroïque, si
votre énergie ne se démentit pas une fois dans
l'exercice de vos devoirs pénibles, peut-être dans
le silence de vos nuits solitaires, ce cœur dont
les battemens soulèvent en ce moment votre
poitrine murmura-t-il plus d'une fois! Votre
plus cruel supplice fut la grandeur même de
votre époux : moins noble, moins pur, vous
eussiez pu l'abandonner; mais ses vertus sou-

tenaient les vôtres : entre votre héroïsme et le
sien vous vous demandiez qui céderait le dernier. Vous poursuiviez la réelle grandeur de
votre tâche, comme il poursuivait sa chimère.
Si le seul amour du devoir vous eût soutenue
et guidée, peut-être le triomphe vous eût-il
semblé plus facile ; il vous eût suffi de tuer votre cœur et de transporter votre vie dans le
monde des abstractions, la religion eût absorbé
le reste, et vous eussiez vécu dans une idée,
comme les saintes femmes qui éteignent au pied
de l'autel les instincts de la nature. Mais le
charme répandu sur toute la personne de votre
Paul, l'élévation de son esprit, les rares et tou-
chans témoignages de sa tendresse, vous reje-
taient sans cesse hors de ce monde idéal, où la
vertu voulait vous retenir, ils exaltaient en vous
des forces sans cesse épuisées à lutter contre le
fantôme de l'amour. Vous ne doutiez point encore ! les moindres lueurs de l'espérance vous

entraînaient à la poursuite de votre douce chimère. Enfin les déceptions de tant d'années vous
ont fait perdre patience, elle eût depuis long-
temps échappé à un ange. Aujourd'hui cette
apparence si long-temps poursuivie est une
ombre et non un corps. Une folie qui touche au
génie de si près doit être incurable en ce monde.
Frappée de cette pensée, vous avez songé à toute
votre jeunesse, sinon perdue, au moins sacri-
fiée; vous avez alors amèrement reconnu l'erreur de la nature qui vous avait donné un père
quand vous appeliez un époux. Vous vous êtes
demandé si vous n'aviez pas outrepassé les dè-
voirs de l'épouse en vous gardant toût entière
à cet homme qui se réservait à la science. Marianna, laissez-moi votre main, tout ce que j'ai
dit est vrai. Et vous avez jeté les yeux autour
de vous; mais vous étiez alors à Paris, et non
en Italie, où l'on sait si bien aimer.

— Oh! laissez-moi achever ce récit, s'écria

Marianna, j'aime mieux dire moi-même ces
choses. Je serai franche, je sens maintenant
que je parle à mon meilleur ami. Oui, j'étais à
Paris, quand se passait en moi tout ce que vous
venez de m'expliquer si clairement; mais quand
je vous vis, j'étais sauvée, en n'ayant rencontré nulle part l'amour rêvé depuis mon enfance : mon costume et mon aspect me sous-
trayaient aux regards des hommes comme
vous. Quelques jeunes gens à qui leur situation ne permettait pas de m'insulter me de-
vinrent plus odieux encore par la légèreté avec
laquelle ils me traitaient : les uns bafouaient
mon mari comme un vieillard ridicule, d'autres cherchaient bassement à gagner ses bonnes graces pour le trahir; tous parlaient de
m'en séparer, aucun ne comprenait le culte
que j'ai voué à cette ame, qui n'est si loin de
nous que parce qu'elle est près du ciel, à cet
ami, à ce frère que je veux toujours servir.

Vous seul avez compris le lien qui m'attache à lui, n'est-ce pas? Dites-moi que vous vous êtes pris pour mon Paul d'un intérêt sincère et sans arrière-pensée.....

— J'accepte ces éloges, interrompit Andrea; mais n'allez pas plus loin, ne me forcez pas de vous démentir. Je vous aime, Marianna, comme on aime dans ce beau pays où nous sommes nés l'un et l'autre; je vous aime de toute mon ame et de toutes mes forces, mais avant de vous offrir cet amour, je veux me rendre digne du vôtre. Je tenterai un dernier effort pour vous rendre l'homme que vous aimez depuis l'enfance, l'homme que vous aimerez toujours. En attendant le succès ou la défaite, acceptez sans rougir l'aisance que je veux lui donner. Demain nous irons ensemble choisir un logement pour lui. M'estimez-vous assez pour m'associer aux fonctions de votre tutelle.

Marianna, étonnée de cette générosité, tendit la main au comte, qui sortit en s'efforçant d'échapper aux civilités du signor Giardini et de sa femme.

CHAPITRE III.

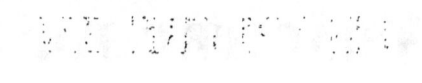

OPÉRA DE MAHOMET.

Le lendemain, le comte fut introduit par
Giardini dans l'appartement des deux époux.
Quoique l'esprit élevé de son amant lui fût déjà
connu, car il est certaines âmes qui se pénètrent
promptement, Marianna était trop bonne femme
de ménage pour ne pas laisser percer l'embarras
qu'elle éprouvait à recevoir un si grand seigneur
dans une si pauvre chambre. Tout y était fort

propre ; elle avait passé la matinée entière à
épousseter son étrange mobilier, œuvre du signor Giardini, qui l'avait construit à ses momens de loisir avec les débris des instrumens
rebutés par Gambara. Andrea n'avait jamais
rien vu de si extravagant. Pour se maintenir
dans une gravité convenable, il cessa de re-
garder un lit grotesque pratiqué par le malicieux cuisinier dans la caisse d'un vieux cla-
vecin, et reporta ses yeux sur le lit de Marianna
étroite couchette dont l'unique matelas était
couvert d'une mousseline blanche, aspect qui
lui inspira des pensées tout à la fois tristes et
douces. Il voulut parler de ses projets et de
l'emploi de la matinée, mais l'enthousiaste Gambara, croyant avoir enfin rencontré un béné-
vole auditeur, s'empara du comte et le con-
traignit d'écouter l'opéra qu'il avait écrit pour
Paris.

— Et d'abord, monsieur, dit Gambara, per-

mettez-moi de vous apprendre en deux mots
le sujet. Ici, les gens qui reçoivent les impres-
sions musicales ne les développent pas en eux-
mêmes, comme la religion nous enseigne à
développer par la prière les textes saints; il est
donc bien difficile de leur faire comprendre qu'il
existe dans la nature une musique éternelle, une
mélodie suave, une harmonie parfaite, troublée
seulement par les révolutions indépendantes de
la volonté divine, comme les passions le sont
de la volonté des hommes. Je devais donc
trouver un cadre immense où pussent tenir
les effets et les causes, car ma musique a pour
but d'offrir une peinture de la vie des nations
prise à son point de vue le plus élevé. Mon
opéra dont j'ai composé le *libretto*, car un poète
n'eût rien compris au sujet, embrasse la vie
de Mahomet, personnage en qui les magies de
l'antique sabéisme et la poésie orientale de la
religion juive se sont résumées, pour produire

un des plus grands poëmes humains, la domination des Arabes. Certes, Mahomet a emprunté
des Juifs l'idée du gouvernement absolu, et
des religions pastorales ou sabéiques le mouvement progressif qui a créé le brillant empire
des califes. Sa destinée était écrite dans sa naissance même ; il eut pour père un païen et pour
mère une juive. Ah, pour être grand musicien,
mon cher comte, il faut être aussi très savant.
Sans instruction, point de couleur locale, point
d'idées dans la musique. Le compositeur qui
chante pour chanter est un artisan et non un
artiste. Ce magnifique opéra continue la grande
œuvre que j'avais entreprise. Mon premier
opéra s'appelait LES MARTYRS, et j'en dois faire
un troisième de LA JÉRUSALEM DÉLIVRÉE. Vous
saisissez la beauté de cette triple composition
et ses ressources si diverses : *les Martyrs, Mahomet, la Jérusalem !* Le Dieu de l'Occident,
celui de l'Orient, et la lutte de leurs religions

autour d'un tombeau. Mais ne parlons pas de
mes grandeurs à jamais perdues! Voici le som-
maire de mon opéra. Le premier acte offre Mahomet facteur chez Cadhige, riche veuve chez
laquelle l'a placé son oncle; il est amoureux
et ambitieux; chassé de la Mekke, il s'enfuit
à Médine, et date son ère de sa fuite (*l'hégire*).
Le second montre Mahomet prophète et fon-
dant une religion guerrière. Le troisième présente Mahomet dégoûté de tout, ayant épuisé
la vie, et dérobant le secret de sa mort pour
devenir un Dieu, dernier effort de l'orgueil
humain. Vous allez juger de ma manière d'exprimer par des sons un grand fait que la poésie
ne saurait rendre qu'imparfaitement par des
mots.

Gambara se mit à son piano d'un air recueilli,
et sa femme lui apporta les volumineux papiers
de sa partition qu'il n'ouvrit point.

— Tout l'opéra, dit-il, repose sur une basse

comme sur un riche terrain. Mahomet devait
avoir une majestueuse voix de basse, et sa première femme avait nécessairement une voix de
contralto : elle était vieille, elle avait vingt ans.
Attention, voici l'ouverture ! Elle commence (*ut
mineur*) par un *andante* (*trois temps*). Entendez-
vous la mélancolie de l'ambitieux que ne satisfait pas l'amour ! A travers ses plaintes, par
une transition au ton relatif (*mi bémol, allegro
quatre temps*) percent les cris de l'amoureux épileptique, ses fureurs et quelques motifs guer-
riers, car le sabre tout-puissant des califes
commence à luire à ses yeux. Les beautés de
la femme unique lui donnent le sentiment de
cette pluralité d'amour qui nous frappe tant
dans *Don Juan*. En entendant ces motifs, n'en-
trevoyez-vous pas le paradis de Mahomet ? Mais
voici : (*la bémol majeur, six huit*), un *cantabile*
capable d'épanouir l'ame la plus rebelle à la
musique : Cadhige a compris Mahomet ! Elle

annonce au peuple les entrevues du prophète avec l'ange Gabriel (*Maëstoso sostenuto en fa mineur*). Les magistrats , les prêtres, le pouvoir et la religion, qui se sentent attaqués par le novateur, comme Socrate et Jésus-Christ attaquaient des pouvoirs et des religions expirantes ou usées, poursuivent Mahomet et le chassent de la Mekke (*strette en ut majeur*). Arrive ma belle dominante (*sol quatre temps*) : l'Arabie écoute le prophète , les cavaliers arrivent (*sol majeur, mi bémol, si bémol , sol mineur ! toujours quatre temps*). L'avalanche d'hommes grossit! Le faux prophète a commencé sur une peuplade ce qu'il va faire sur le monde (*sol , sol*). Il promet une domination universelle aux Arabes, on le croit parce qu'il est inspiré. Le crescendo commence (*par cette même dominante*). Voici quelques fanfares (*en ut majeur*), des cuivres plaqués sur l'harmonie qui se détachent et se font jour pour exprimer les premiers triomphes. Médine est conquise au prophète et l'on marche sur la Mekke. (*Explosion en ut majeur.*) Les puissances de l'orchestre se développent comme un incendie, tout instrument parle, voici des torrens d'harmonie. Tout-à-coup le *tutti* est interrompu par un gracieux motif (*une tierce mineure*). Écoutez le dernier cantilène de l'amour dévoué! La femme qui a soutenu le grand homme meurt en lui cachant son désespoir, elle meurt dans le triomphe de celui chez qui l'amour est devenu trop immense pour s'arrêter à une femme, elle l'adore assez pour se sacrifier à la grandeur qui la tue! Quel amour de feu! Voici le désert qui envahit le monde (*l'ut majeur reprend*). Les forces de l'orchestre reviennent et se résument dans une terrible quinte partie de la basse fondamentale qui expire, Mahomet s'ennuie, il a tout épuisé! le voilà qui veut mourir Dieu! L'Arabie l'adore et prie, et nous retombons dans mon premier

thême de mélancolie (*par l'ut mineur*) au lever
du rideau.

— Ne trouvez-vous pas, dit Gambara en ces-
sant de jouer et se retournant vers le comte,
dans cette musique vive, heurtée, bizarre, mélancolique et toujours grande, l'expression de
la vie d'un épileptique enragé de plaisir, ne
sachant ni lire ni écrire, faisant de chacun de
ses défauts un degré pour le marche-pied de
ses grandeurs, tournant ses fautes et ses malheurs en triomphes? N'avez-vous pas eu l'idée
de sa séduction exercée sur un peuple avide
et amoureux, dans cette ouverture, échantillon
de l'opéra.

D'abord calme et sévère, le visage du maestro sur lequel Andrea avait cherché à deviner
les idées qu'il exprimait d'une voix inspirée et
qu'un amalgame indigeste de notes ne permet-

tait pas d'entrevoir, s'était animée par degrés et avait fini par prendre une expression passionnée qui réagit sur Marianna et sur le cuisinier. Marianna, trop vivement affecté par les passages où elle reconnaissait sa propre situation, n'avait pu cacher l'expression de son regard à Andrea.

Gámbara s'essuya le front, lança son regard avec tant de force vers le plafond, qu'il sembla le percer et s'élever jusqu'aux cieux. — Vous avez vu le péristyle, dit-il, nous entrons maintenant dans le palais. L'opéra commence.

PREMIER ACTE. Mahomet seul sur le devant de la scène, commence par un air (*fa naturel, quatre temps*) interrompu par un chœur de chameliers qui sont auprès d'un puits dans le fond du théâtre (*ils font une opposition dans le rhythme. Douze-huit*). Quelle majestueuse douleur ! elle attendrira les femmes les plus évaporées en pénétrant leurs entrailles si elles n'ont pas de cœur. N'est-ce pas la mélodie du génie contraint ?

Au grand étonnement d'Andrea, car Marianna y était habituée, Gambara contractait si violemment son gosier, qu'il n'en sortait que des sons étouffés assez semblables à ceux que lance un chien de garde enroué. La légère écume qui vint blanchir les lèvres du compositeur fit frémir Andrea.

— Sa femme arrive (*la mineur*). Quel duo magnifique! Dans ce morceau j'exprime comment Mahomet a la volonté, comment sa femme a l'intelligence. Cadhige y annonce qu'elle va se dévouer à une œuvre qui lui ravira l'amour de son jeune mari. Mahomet veut conquérir le monde, elle l'a deviné, elle l'a secondé en per-

suadant au peuple de la Mekke que les attaques
d'épilepsie de son mari sont les effets de son
commerce avec les anges. Chœur des premiers
disciples de Mahomet qui viennent lui pro-
mettre leurs secours (*ut dièse mineur, sotto voce*).
Mahomet sort pour aller trouver l'ange Gabriel
(*récitatif en fa majeur*). Sa femme encourage le
chœur. (*Air coupé par les accompagnemens du
chœur. Des bouffées de voix soutiennent le chant
large et majestueux de Cadhige. La majeur.*) AB-
DOLLAH, le père d'Aiesha, seule fille que Mahomet ait trouvée vierge et dont par cette raison le prophète changea le nom en celui d'A-
BOUBECKER (*père de la pucelle*), s'avance avec
Aiesha, et se détache du chœur (*par des phrases
qui dominent le reste des voix et qui soutiennent
l'air de Cadhige en s'y joignant, en contre-point*).
Omar, père d'Hafsa, autre fille que doit pos-
séder Mahomet, imite l'exemple d'Aboubecker,
et vient avec sa fille former un quintetto. La

vierge Aiesha est un primo soprano, Hafsa fait le second soprano. Aboubecker est une basse-taille, Omar est un baryton. Mahomet reparaît inspiré. Il chante son premier air de bravoure qui commence le finale (*mi majeur*), il promet l'empire du monde à ses premiers Croyans. Le prophète aperçoit les deux filles, et par une transition douce (*de si majeur en sol majeur*) il leur adresse des phrases amoureuses. Ali, cousin de Mahomet, et Khaled, son plus grand général, deux ténors, arrivent et annoncent la persécution : les magistrats, les soldats, les seigneurs ont proscrit le prophète (*récitatif*). Mahomet s'écrie dans une invocation (*en ut*) que l'ange Gabriel est avec lui et montre un pigeon qui s'envole. Le chœur des Croyans répond par des accens de dévoûment sur une modulation (*en si majeur*). Les soldats, les magistrats, les grands arrivent (*tempo di marcia. Quatre temps en si majeur*). Lutte entre les deux chœurs (*strette en mi majeur*). Mahomet (*par une succession de septièmes diminuées descendante*) cède à l'orage et s'enfuit. La couleur sombre et farouche de ce finale est nuancée par les motifs des trois femmes qui présagent à Mahomet son triomphe et dont les phrases se trouveront développées au troisième acte, dans la scène où Mahomet savoure les délices de sa grandeur.

En ce moment des pleurs vinrent aux yeux de Gambara, qui, après un moment d'émotion, s'écria : — Deuxième acte !

— Voici la religion instituée. Les Arabes gardent la tente de leur prophète qui consulte Dieu. (*Chœur en la mineur*). Mahomet paraît (*prière en fa*). Quelle brillante et majestueuse harmonie plaquée sous ce chant où j'ai peut-être reculé les bornes de la mélodie. Ne fallait-

il pas exprimér les merveilles de ce grand mouvement d'hommes qui a créé une musique, une
architecture, une poésie, un costume et des
mœurs ? En l'entendant, vous vous promenez
sous les arcades du Généralife, sous les voûtes
sculptées de l'Alhambra! Les fioritures de l'air
peignent la délicieuse architecture moresque
et les poésies de cette religion galante et guerrière qui devait s'opposer à la guerrière et galante chevalerie des chrétiens? Quelques cuivres se réveillent à l'orchestre et annoncent les
premiers triomphes (*par une cadence rompue*).
Les Arabes l'adorent (*mi bémol majeur*). Arrivée de Khaled, d'Amrou et d'Ali par un
tempo di marcia. Les armées des Croyans ont
pris des villes et soumis les trois Arabies! Quel
pompeux récitatif! Mahomet les récompense
en leur donnant ses filles. (Ici, dit-il d'un air
piteux, il y a un de ces ignobles ballets qui
coupent le fil des plus belles tragédies musi-

cales!) Mais Mahomet (*si mineur*) relève l'opéra par sa grande prophétie qui commence chez ce pauvre monsieur de Voltaire par ce vers :

Le temps de l'Arabie est à la fin venu.

Elle est interrompue par le chœur des Arabes triomphans (*douze-huit accéléré*). Les clairons, les cuivres reparaissent avec les tribus qui arrivent en foule. Fête générale où toutes les voix concourent l'une après l'autre, et où Mahomet proclame sa polygamie. Au milieu de cette gloire la femme qui a tant servi Mahomet se détache par un air magnifique (*si majeur*).

— Et moi, dit-elle, moi, ne serais-je donc plus aimée?

— Il faut nous séparer ; tu es une femme et je suis un prophète ; je puis avoir des esclaves, mais plus d'égal !

Ecoutez ce duo (*sol dièse mineur*)? Quels dé-
chiremens! La femme comprend la grandeur
qu'elle a élevée de ses mains, elle aime assez
Mahomet pour se sacrifier à sa gloire, elle l'a-
dore comme un Dieu sans le juger, et sans un
murmure. Pauvre femme, la première dupe et
la première victime! Quel thème pour le final
(*si majeur*) que cette douleur, brodée en couleurs si brunes sur le fond des acclamations du
chœur, et mariée aux accens de Mahomet aban-
donnant sa femme comme un instrument inutile,
mais faisant voir qu'il ne l'oubliera jamais!
Quelles triomphantes girandoles, quelles fusées
de chants joyeux et perlés élancent les deux
jeunes voix (*primo et secondo soprano*) d'Aiesha
et d'Hafsa, soutenus par Ali et sa femme, par
Omar et Aboubecker! Pleurez, réjouissez-vous!
Triomphes et larmes! Voilà la vie.

Marianna ne put retenir ses pleurs. Andrea

fut tellement ému, que ses yeux s'humectè-
rent légèrement. Le cuisinier napolitain qu'é-
branla la communication magnétique des idées
exprimées par les spasmes de la voix de Gambara, s'unit à cette émotion. Le musicien se re-
tourna, vit ce groupe et sourit.

— Vous me comprenez enfin ! s'écria-t-il.

Jamais triomphateur mené pompeusement
au Capitole, dans les rayons pourpres de la
gloire, aux acclamations de tout un peuple,
n'eut pareille expression en sentant poser la
couronne sur sa tête. Le visage du musicien
étincelait comme celui d'un saint martyr. Personne ne dissipa son erreur. Un horrible sourire effleura les lèvres de sa femme. Le comte
fut épouvanté par la naïveté de cette folie.

TROISIÈME ACTE! dit l'heureux compositeur

en se rasseyant au piano. (*Andantino solo*). Mahomet malheureux dans son sérail, entouré de femmes. Quatuor de houris (*en la majeur*). Quelles pompes ! quels chants de rossignols heureux ! Modulations (*fa dièse mineur*). Le thème se représente (*sur la dominante mi pour reprendre en la majeur*). Les voluptés se groupent et se dessinent afin de produire leur opposition au sombre finale du premier acte. Après les danses, Mahomet se lève et chante un grand air de bravoure (*fa mineur*), pour regretter l'amour unique et dévoué de sa première femme en s'avouant vaincu par la polygamie. Jamais musicien n'a eu pareil thème. L'orchestre et le chœur des femmes expriment les joies des houris, tandis que Mahomet revient à la mélancolie qui a ouvert l'opéra.

— Où est Beethoven, s'écria Gambara, pour que je sois bien compris dans ce retour pro-

digieux de tout l'opéra sur lui-même. Comme
tout s'est appuyé sur la basse! Beethoven n'a
pas construit autrement sa symphonie en ut.
Mais son mouvement héroïque est purement
instrumental, au lieu qu'ici mon mouvement
héroïque est appuyé par un sextuor des plus
belles voix humaines, et par un chœur des
Croyans qui veillent à la PORTE de la maison
sainte. J'ai toutes les richesses de la mélodie
et de l'harmonie, un orchestre et des voix !
Entendez l'expresssion de toutes les existences
humaines, riches ou pauvres ? *la lutte, le triomphe et l'ennui!* Ali arrive, l'Alcoran triomphe
sur tous les points (*duo en ré mineur*). Mahomet
se confie à ses deux beaux-pères, il est las de
tout, il veut abdiquer le pouvoir et mourir inconnu pour consolider son œuvre. Magnifique
sextuor (*si bémol majeur*). Il fait ses adieux
(*solo en fa naturel*). Ses deux beaux-pères ins-
titués ses vicaires (*kalifes*) appellent le peuple.

Grande marche triomphale. Prière générale des
Arabes agenouillés devant la maison sainte
(*kasba*) d'où s'envole le pigeon (*même tonalité*).
La prière faite par soixante voix , et commandée
par les femmes (*en si bémol*), couronne cette
œuvre gigantesque où la vie des nations et de
l'homme est exprimée. Vous avez eu toutes les
émotions humaines et divines.

Andrea contemplait Gambara dans un étonnement stupide. Si d'abord il avait été saisi par
l'horrible ironie que présentait cet homme en
exprimant les sentimens de la femme de Mahomet sans les reconnaître chez Marianna , la
folie du mari fut éclipsée par celle du compositeur. Il n'y avait pas l'apparence d'une idée
poétique ou musicale dans l'étourdissante ca-
cophonie qui frappait les oreilles : les principes
de l'harmonie, les premières règles de la composition étaient totalement étrangères à cette

informe création. Au lieu de la musique sa-
vamment enchaînée que nommait Gambara, ses
doigts produisaient une succession de quintes,
de septièmes et d'octaves, de tierces majeures,
et des marches de quarte sans sixte à la basse,
réunion de sons discordans jetés au hasard qui
semblait combinée pour déchirer les oreilles
les moins délicates. Il est difficile d'exprimer
cette bizarre exécution, car il faudrait des mots
nouveaux pour cette musique nouvelle. Péniblement affecté de la folie de ce brave homme,
Andrea rougissait et regardait à la dérobée Marianna, qui, pâle et les yeux baissés, ne pouvait retenir ses larmes. Au milieu de son brou-
haha de notes, Gambara avait lancé de temps
en temps des exclamations qui décelaient le
ravissement de son ame : il s'était pâmé d'aise,
il avait souri à son piano, l'avait regardé avec
colère, lui avait tiré la langue, expression à
l'usage des inspirés ; enfin il paraissait enivré

de la poésie dont sa tête était pleine et qu'il s'était vainement efforcé de traduire. Les étranges discordances qui hurlaient sous ses doigts avaient évidemment résonné dans son oreille comme de célestes harmonies. Certes, au regard inspiré de ses yeux bleux ouverts sur un autre monde, à la rose lueur qui colorait ses joues, et surtout à cette sérénité divine que l'extase répandait sur ses traits si nobles et si fiers, un sourd aurait cru assister à l'improvisation de quelque grand artiste. Cette illusion eût été d'autant plus naturelle que l'exécution de cette musique insensée exigeait une habileté merveilleuse pour se rompre à un pareil doigté. Gambara avait dû travailler pendant plusieurs années. Ses mains n'étaient pas d'ailleurs seules occupées, la complication des pédales imposait à tout son corps une perpétuelle agitation ; aussi la sueur ruisselait-elle sur son visage pendant qu'il travaillait à enfler un cres-

cendo de tous les faibles moyens que l'ingrat
instrument mettait à son service : il avait tré-
pigné, soufflé, hurlé; ses doigts avaient égalé
en prestesse la double langue d'un serpent;
enfin, au dernier hurlement du piano, il s'était
jeté en arrière et avait laissé tomber sa tête sur
le dos de son fauteuil.

— Par Bacchus! je suis tout étourdi, s'é-
cria le comte en sortant, un enfant dansant
sur un clavier ferait de meilleure musique.

—Assurément, le hasard n'éviterait pas l'accord de deux notes avec autant d'adresse que
ce diable d'homme l'a fait pendant une heure,
dit Giardini.

— Comment l'admirable régularité des traits
de Marianna ne s'altère-t-elle point à l'audition
continuelle de ces effroyables discordances?

se demanda le comte. Marianna est menacée d'enlaidir.

— Seigneur, il faut l'arracher à ce danger, s'écria Giardini.

— Oui, dit Andrea, j'y ai songé. Mais, pour reconnaître si mes projets ne reposent point sur une fausse base, j'ai besoin d'appuyer mes soupçons sur une expérience. Je reviendrai pour examiner les instrumens qu'il a inventés. Ainsi demain, après le dîner, nous ferons une médianoche, et j'enverrai moi-même le vin et les friandises nécessaires.

Le cuisinier s'inclina. La journée suivante fut employée par le comte à faire arranger l'appartement qu'il destinait au pauvre ménage de l'artiste. Le soir, il vint et trouva, selon ses instructions, ses vins et ses gâteaux servis avec

une espèce d'apprêt par Marianna et par le
cuisinier. Gambara lui montra triomphalement
les petits tambours sur lesquels étaient des
grains de poudre à l'aide desquels il faisait ses
observations sur les différentes natures des
sons émis par les instrumens.

— Voyez-vous, lui dit-il, par quels moyens
simples j'arrive à prouver une grande propo-
sition. L'acoustique me révèle ainsi des ac-
tions analogues de son sur tous les objets qu'il
affecte. Toutes les harmonies partent d'un cen-
tre commun et conservent entre elles d'intimes relations ; ou plutôt, l'harmonie, une
comme la lumière, est décomposée par nos
arts comme le rayon par le prisme.

Puis il lui présentait ɪ'un après l'autre des
instrumens construits d'après ses lois, en expliquant les changemens qu'il introduisait dans

leur contexture. Enfin il lui annonça, non sans emphase, qu'il couronnerait cette séance préliminaire, bonne tout au plus à satisfaire la curiosité de l'œil, en lui faisant entendre un instrument qui pouvait remplacer un orchestre entier, et qu'il nommait *Panharmonicon*.

— Si c'est celui qui est dans cette cage et qui nous attire les plaintes du voisinage quand vous y travaillez, dit Giardini, vous n'en jouerez pas long-temps, le commissaire de police viendra bientôt. Y pensez-vous?

— Si ce pauvre fou reste, dit Gambara à l'oreille du comte, il me sera impossible de jouer.

Le comte éloigna le cuisinier en lui promettant une récompense, s'il voulait guetter au dehors afin d'empêcher les patrouilles ou les voisins d'intervenir. Le cuisinier, qui ne s'était

pas épargné en versant à boire à Gambara,
consentit. Sans être ivre, le compositeur était
dans cette situation où toutes les forces intel-
lectuelles sont surexcitées, où les parois d'une
chambre deviennent lumineuses, où les man-
sardes n'ont plus de toits, où l'ame voltige dans
le monde des esprits. Marianna dégagea, non
sans peine, de ses couvertures un instrument
aussi grand qu'un piano à queue, mais ayant
un buffet supérieur de plus. Cet instrument
bizarre offrait, outre ce buffet et sa table, les
pavillons de quelques instrumens à vent et les
becs aigus de quelques tuyaux.

— Jouez-moi, je vous prie, cette prière que
vous dites être si belle et qui termine votre
opéra, dit le comte.

Au grand étonnement de Marianna et d'Andrea, Gambara commença par plusieurs accords

qui décélèrent un grand maître. A leur étonnement succéda d'abord une admiration mêlée
de surprise, puis une complète extase au milieu
de laquelle ils oublièrent et le lieu et l'homme.
Les effets d'orchestre n'eussent pas été si gran-
dioses que le furent les sons des instrumens à
vent qui rappelaient l'orgue et s'unirent mer-
veilleusement aux richesses harmoniques des
instrumens à cordes ; mais l'état imparfait dans
lequel se trouvait cette singulière machine arrêtait les développemens du compositeur, dont
la pensée parut alors plus grande. Souvent la
perfection dans les œuvres d'art empêche l'ame
de les agrandir. N'est-ce pas le procès gagné
par l'esquisse contre le tableau fini, au tribunal
de ceux qui achèvent l'œuvre par la pensée, au
lieu de l'accepter toute faite ? La musique la
plus pure et la plus suave que le comte eût
jamais entendue s'éleva sous les doigts de Gambara comme un nuage d'encens au-dessus d'un

autel. Sa voix redevint jeune. Loin de nuire à
cette riche mélodie, son organe l'expliqua, la
fortifia, la dirigea, comme la voix atone et
chevrotante d'un habile lecteur, comme l'était
Andrieux, étendait le sens d'une sublime scène
de Corneille ou de Racine en y ajoutant une
poésie intime. Cette musique digne des anges
accusait les trésors cachés dans cet immense
opéra, qui ne pouvait jamais être compris,
tant que cet homme persisterait à s'expliquer
dans son état de raison. Également partagés
entre la musique et la surprise que leur causait
cet instrument aux cent voix, dans lequel un
étranger aurait pu croire que le facteur avait
caché des jeunes filles invisibles, tant les sons
avaient par momens d'analogie avec la voix
humaine, le comte et Marianna n'osaient se
communiquer leurs idées ni par le regard ni
par la parole. Le visage de Marianna était éclairé
par une magnifique lueur d'espérance qui lui

rendit les splendeurs de la jeunesse. Cette re-
naissance de sa beauté, qui s'unissait à la lu-
mineuse apparition du génie de son mari,
nuança d'un nuage de chagrin les délices que
cette heure mystérieuse donnait au comte.

— Vous êtes notre bon génie, lui dit Marianna. Je suis tentée de croire que vous l'ins-
pirez, car moi, qui ne le quitte point, je n'ai
jamais entendu pareille chose.

—Et les adieux de Cadhige ! s'écria Gambara,
qui chanta la cavatine à laquelle il avait donné
la veille l'épithète de sublime, et qui fit pleurer les deux amans, tant elle exprimait bien
le dévoûment le plus élevé de l'amour.

— Qui a pu vous dicter ces chants ? lui demanda le comte.

— L'esprit ! s'écria Gambara. Quand il ap-

paraît, tout me semble en feu. Je vois les mélodies face à face, belles et fraîches, colorées
comme des fleurs ; elles rayonnent, elles reten-
tissent, et j'écoute, mais il faut un temps
infini pour les reproduire.

— Encore! dit Marianna.

Gambara, qui n'éprouvait aucune fatigue,
joua sans efforts ni grimaces ; il exécuta son
ouverture avec un si grand talent et découvrit
des richesses musicales si nouvelles, que le
comte ébloui finit par croire à une magie semblable à celle que déploient Paganini et Listz,
exécution qui, certes, change toutes les conditions de la musique en en faisant une poésie
au-dessus des créations musicales.

— Eh bien, votre excellence le guérira-t-
elle, demanda le cuisinier quand Andrea descendit.

— Je le saurai bientôt, répondit le comte. L'intelligence de cet homme a deux fenêtres, l'une fermée sur le monde, l'autre ouverte sur le ciel : la première est la musique, la seconde est la poésie; jusqu'à ce jour il s'est obstiné à rester devant la fenêtre bouchée, il faut le conduire à l'autre. Vous le premier m'avez mis sur la voie, Giardini, en me disant que votre hôte raisonne plus juste dès qu'il a bu quelques verres de vin.

— Oui, s'écria le cuisinier, et je devine le plan de votre excellence.

— S'il est encore temps de faire tonner la poésie à ses oreilles, au milieu des accords d'une belle musique, il faut le mettre en état d'entendre et de juger. Or, l'ivresse peut seule venir à mon secours. M'aiderez-vous à le griser, mon cher? cela ne vous fera-t-il pas de mal à vous-même?

— Comment l'entend votre excellence?

Andrea s'en alla sans répondre, mais en riant de la perspicacité qui restait à ce fou.

Le lendemain, il vint chercher Marianna, qui avait passé la matinée à se composer une toilette simple mais convenable, et qui avait dévoré toutes ses économies. Ce changement eût dissipé l'illusion d'un homme blasé, mais chez le comte, le caprice était devenu passion. Dépouillée de sa poétique misère et transformée en simple bourgeoise, Marianna le fit rêver au mariage, il lui donna la main pour monter dans un fiacre et lui fit part de son projet. Elle approuva tout, heureuse de trouver son amant encore plus grand, plus généreux, plus désintéressé qu'elle ne l'espérait. Elle arriva dans un appartement où Andrea

s'était plu à rappeler son souvenir à son
amie par quelques-unes de ces recherches
qui séduisent les femmes les plus ver-
tueuses.

—Je ne vous parlerai de mon amour qu'au
moment où vous désespérerez de votre Paul,
dit le comte à Marianna en revenant rue Froidmanteau. Vous serez témoin de la sincérité de
mes efforts ; s'ils sont efficaces, peut-être ne
saurai-je pas me résigner à mon rôle d'ami,
mais alors je vous fuirai, Marianna. Si je me
sens assez de courage pour travailler à votre
bonheur, je n'aurai pas assez de force pour le
contempler.

— Ne parlez pas ainsi, les générosités ont
leur péril aussi, répondit-elle en retenant mal
ses larmes. Mais quoi, vous me quittez déjà !

— Oui, dit Andrea, soyez heureuse sans distraction.

S'il fallait croire le cuisinier, le changement d'hygiène fut favorable aux deux époux. Tous les soirs après boire, Gambara paraissait moins absorbé, causait davantage et plus posément ; il parlait enfin de lire les journaux. Andrea ne put s'empêcher de frémir en voyant la rapidité inespérée de son succès. Quoique ses angoisses lui révélassent la force de son amour, elles ne le firent point chanceler dans sa vertueuse résolution. Il vint un jour reconnaître les progrès de cette singulière guérison. Si l'état de son malade lui causa d'abord quelque joie, elle fut troublée par la beauté de Marianna, à qui l'aisance avait rendu tout son éclat. Il revint dès-lors chaque soir engager des conversations douces et sérieuses où il apportait les clartés d'une opposition mesurée aux singu-

lières théories de Gambara. Il profitait de la
merveilleuse lucidité dont l'esprit de ce dernier jouissait sur tous les points qui n'avoisi-
naient pas de trop près sa folie, pour lui faire
admettre sur les diverses branches de l'art des
principes également applicables plus tard à la
musique. Tout allait bien tant que les fumées
du vin échauffaient le cerveau du malade ; mais
dès qu'il avait complètement recouvré, ou plutôt reperdu sa raison, il retombait dans sa
manie. Néanmoins, il se laissait déjà plus facilement distraire par l'impression des objets
extérieurs, et déjà son intelligence se disper-
sait sur un plus grand nombre de points à la
fois.

Andrea, qui prenait un intérêt d'artiste à
cette œuvre semi-médicale, crut enfin pouvoir
frapper un grand coup. Il résolut de donner
à son hôtel un repas auquel Giardini fut admis

par la fantaisie qu'il eut de ne point séparer le drame et la parodie, le jour de la première représentation de *Robert-le-Diable* dont il avait entendu la répétition, et qui lui parut propre à dessiller les yeux de son malade.

Dès le second service, Gambara déjà ivre se plaisanta lui-même avec beaucoup de grace, et Giardini avoua que ses innovations culinaires ne valaient pas le diable. Andrea n'avait rien négligé pour opérer ce double miracle. L'Orvieto, le Monteflascone, amenés avec les précautions infinies qu'exigent leur transport, le Lacryma-Christi, le Giro, tous les vins chauds de la patrie faisaient monter aux cerveaux des convives la double ivresse de la vigne et du souvenir. Au dessert, le musicien et le cuisinier abjurèrent gaîment leurs erreurs : l'un fredonnait une cavatine de Rossini, l'autre entassait sur son assiette des morceaux qu'il arrosait de marasquin de Zara, en faveur de la cuisine française. Le comte profita de l'heureuse disposition de Gambara, qui se laissa conduire à l'Opéra avec la douceur d'un agneau.

CHAPITRE IV.

OPINION DE GAMBARA IVRE.

Aux premières notes de l'introduction, l'ivresse de Gambara parut se dissiper pour faire place à cette excitation fébrile qui parfois mettait en harmonie son jugement et son imagination, dont le désaccord habituel causait sans doute sa folie. La pensée dominante de ce grand drame musical lui apparut dans son éclatante simplicité, comme un éclair qui sil-

lonna la nuit profonde où il vivait. A ses yeux
dessillés, cette musique dessina les horizons
immenses d'un monde où il se trouvait jeté
pour la première fois, tout en y reconnaissant
des accidens déjà vus en rêve. Il se crut transporté dans les campagnes de son pays, où
commence la belle Italie et que Napoléon nommait si judicieusement le glacis des Alpes. Re-
porté par le souvenir au temps où sa raison
jeune et vive n'avait pas encore été troublée
par l'extase de sa trop riche imagination, il
écouta dans une religieuse attitude et sans vou-
loir dire un seul mot. Aussi le comte respecta-
t-il le travail intérieur qui se faisait dans cette
ame. Jusqu'à minuit et demi Gambara resta si
profondément immobile, que les habitués de
l'Opéra dûrent le prendre pour ce qu'il était,
un homme ivre.

Au retour, Andrea se mit à attaquer l'œuvre

de Meyerbeer, afin de réveiller Gambara, qui restait plongé dans un de ces demi-sommeils que connaissent les buveurs.

— Qu'y a-t-il donc de si magnétique dans cette incohérente partition, pour qu'elle vous mette dans la position d'un somnambule? dit Andrea en arrivant chez lui. Le sujet de Robert-le-Diable est loin sans doute d'être dénué d'intérêt ; Holtei l'a développé avec un rare bonheur dans un drame très bien écrit et rempli de situations fortes et attachantes; mais les auteurs français ont trouvé le moyen d'y puiser la fable la plus ridicule du monde. Jamais l'absurdité des libretti de Vesari, de Schikaneder, n'égala celle du poème de Robert-le-Diable, vrai cauchemar dramatique qui oppresse les spectateurs sans faire naître d'émotions fortes. Meyerbeer a fait au diable une trop belle part. Bertram et Alice représentent la lutte du bien et du mal, le bon et le mauvais principe. Cet antagonisme offrait le contraste le plus heureux au compositeur. Les mélodies les plus suaves placées à côté des chants âpres et durs, étaient une conséquence naturelle de la forme du *libret'o*, mais dans la partition de l'auteur allemand les démons chantent mieux que les saints. Les inspirations célestes démentent souvent leur origine, et si le compositeur quitte un instant les formes infernales, il se hâte d'y revenir, bientôt fatigué de l'effort qu'il a fait pour les abandonner. La mélodie, ce fil d'or qui ne doit jamais se rompre dans un tableau musical, disparaît souvent dans l'œuvre de Meyerbeer. Le sentiment n'y est pour rien, le cœur n'y joue aucun rôle ; aussi ne rencontre-t-on jamais de ces motifs heureux, de ces chants naïfs qui ébranlent toutes les sympathies et laissent au fond de l'ame une douce impression. L'harmonie seule règne souverainement. Ces accords dissonans,

loin d'émouvoir l'auditeur, n'excitent dans son
ame qu'un sentiment analogue à celui que l'on
éprouverait à la vue d'un saltimbanque sus-
pendu sur un fil , et se balançant entre la vie
et la mort. Des chants gracieux ne viennent jamais calmer ces crispations fatigantes. On di-
rait que le compositeur n'a eu d'autre but que
de se montrer bizarre, fantastique; il saisit
avec empressement l'occasion de produire un
effet baroque, sans s'inquiéter de la vérité, de
l'unité musicale , ni de l'incapacité des voix
écrasées sous ce déchaînement instrumental.

— Taisez-vous , mon ami , dit Gambara, je
suis encore sous le charme de cet admirable
chant des enfers que les porte-voix rendent encore plus terrible, instrumentation neuve ! Les
cadences rompues qui donnent tant d'énergie
au chant de Robert, la cavatine du quatrième
acte, le finale du premier, me tiennent encore

sous la fascination d'un pouvoir surnaturel !
Non, la déclamation de Gluck lui-même ne fut
jamais d'un si prodigieux effet, et je suis étonné
de tant de science.

— Signor maestro , reprit Andrea en souriant, permettez-moi de vous contredire. Gluck
avant d'écrire réfléchissait long-temps. Il cal-
culait toutes les chances et arrêtait un plan
qui pouvait être modifié plus tard par ses inspirations de détail, mais qui ne lui permettait
jamais de se fourvoyer en chemin. De là cette
accentuation énergique, cette déclamation pal-
pitante de vérité. Je conviens avec vous que la
science règne en souveraine dans l'opéra de
Meyerbeer, mais cette science devient un défaut lorsqu'elle s'isole de l'inspiration, et je
crois avoir aperçu dans cette œuvre le pénible
travail d'un esprit fin qui a trié sa musique
dans des milliers de motifs des opéras tombés

ou oubliés, pour se les approprier en les éten-
dant, les modifiant ou les concentrant. Mais il
est arrivé ce qui arrive à tous les faiseurs de
centons, l'abus des bonnes choses. Cet habile
vendangeur de notes prodigue des dissonnances
qui, trop fréquentes, finissent par blesser l'o-
reille et l'accoutument à ces grands effets que
le compositeur doit ménager beaucoup, pour
en tirer un plus grand parti lorsque la situation les réclame. Ces transitions *enharmoniques*
se répètent à satiété, et l'abus de la *cadence
plagale* lui ôte une grande partie de sa solen-
nité religieuse. Je sais bien que chaque compositeur a ses formes particulières auxquelles
il revient malgré lui, mais il est essentiel de
veiller sur soi et d'éviter ce défaut. Un tableau
dont le coloris n'offrirait que du bleu ou du
rouge serait loin de la vérité et fatiguerait la
vue. Ainsi le rhythme presque toujours le même
dans la partition de Robert jette de la mono-

tonie sur l'ensemble de l'ouvrage. Quant à
l'effet des porte-voix dont vous parliez tantôt,
il est depuis long-temps connu en Allemagne,
et ce que Meyerbeer nous donne pour du neuf
a été toujours employé par Mozart, qui faisait
chanter de cette sorte le chœur des diables de
Don Juan.

Andrea essaya, tout en faisant de nouvelles
libations, de faire revenir Gambara par ses con-
tradictions au vrai sentiment musical, en lui
démontrant que sa prétendue mission en ce
monde ne consistait pas à régénérer un art
hors de ses facultés, mais bien à chercher sous
une autre forme, qui n'était autre que la poésie, l'expression de sa pensée.

— Vous n'avez rien compris, cher comte, à
cet immense drame musical, dit négligemment
Gambara qui se mit devant le piano d'Andrea,

fit résonner les touches, écouta le son, s'assit et parut penser pendant quelques instans , comme pour résumer ses propres idées. Et d'abord sachez qu'une oreille intelligente comme la mienne a reconnu le travail de sertisseur dont vous parlez. Oui, cette musique est choisie avec amour, mais dans les trésors d'une imagination riche et féconde où la science a pressé les idées pour en extraire l'essence musicale. Je vais vous expliquer ce travail, ajouta-t-il.

Il se leva brusquement, alla mettre les bougies dans la pièce voisine, et avant de se rasseoir, il but un plein verre de vin de *Giro*, vin de Sardaigne qui recèle autant de feu que les vieux vins de Tokai en allument.

— Voyez-vous, dit Gambara, cette musique n'est faite ni pour les incrédules ni pour ceux qui n'aiment point. Si vous n'avez pas éprouvé

dans votre vie les vigoureuses atteintes d'un
esprit mauvais qui dérange le but quand vous
le visez, qui donne une fin triste aux plus
belles espérances; en un mot, si vous n'avez
jamais aperçu la queue du diable frétiller en
ce monde, l'opéra de Robert sera pour vous ce
qu'est l'Apocalypse pour ceux qui croient que
tout finit avec eux. Si, malheureux et persé-
cuté, vous comprenez le génie du mal, ce
grand singe qui détruit à tout moment l'œuvre
de Dieu, si vous l'imaginez ayant non pas aimé, mais violé une femme presque divine, et
remportant de cet amour les joies de la paternité, au point de mieux aimer son fils éternellement malheureux avec lui, que de le savoir éternellement heureux avec Dieu; si vous
imaginez enfin l'ame de la mère planant sur la
tête de son fils pour l'arracher aux horribles
séductions paternelles, vous n'aurez encore
qu'une faible idée de cet immense poëme au-

quel il manque peu de chose pour rivaliser avec
le Don Juan de Mozart; Don Juan est au-dessus par sa perfection, je l'accorde. Robert-le-
Diable représente des idées, Don Juan excite
des sensations : Don Juan est encore la seule
œuvre musicale où l'harmonie et la mélodie
soient en proportions exactes; là seulement est
le secret de sa supériorité sur Robert, car Robert est plus abondant. Mais à quoi sert cette
comparaison si ces deux œuvres sont belles de
leurs beautés propres? Pour moi, qui gémis
sous les coups réitérés du démon, Robert m'a
parlé plus énergiquement à l'ame, et je l'ai
trouvé vaste et concentré tout à la fois. Vrai-
ment, grace à vous, je viens d'habiter le beau
pays des rêves où nos sens se trouvent agran-
dis, où l'univers se déploie dans des proportions gigantesques par rapport à l'homme.

Il se fit un moment de silence.

— Je tressaille encore, dit le malheureux artiste, aux quatre mesures de timbales qui m'ont atteint dans les entrailles et qui ouvrent cette courte, cette brusque introduction où le solo de trombone, les flûtes, le hautbois et la clarinette jettent dans l'ame une couleur fantastique. Cet andante en ut mineur fait pressentir le thème de l'invocation des ames dans l'abbaye, et vous agrandit la scène par l'annonce d'une lutte toute spirituelle. J'ai frissonné !

Gambara frappa les touches d'une main sûre, il étendit magistralement le thème de Meyerbeer par une sorte de décharge d'ame à la manière de Listz. Ce ne fut plus un piano, ce fut l'orchestre tout entier, le génie de la musique évoqué.

— Voilà le style de Mozart, s'écria-t-il.

Voyez comme cet Allemand manie les accords, et par quelles savantes modulations il fait passer l'épouvante pour arriver à la dominante d'ut. J'entends l'enfer! La toile se lève. Que vois-je? le seul spectacle à qui nous donnions le nom d'infernal; une orgie de chevaliers, en Sicile. Voilà dans ce chœur en fa toutes les passions humaines déchaînées par un allégro bachique. Tous les fils par lesquels le diable nous mène se remuent! Voilà bien l'espèce de joie qui saisit les hommes quand ils dansent sur un abîme, ils se donnent eux-mêmes le vertige. Quel mouvement dans ce chœur. Sur ce chœur, la réalité de la vie, la vie naïve et bourgeoise se détache en sol mineur par un chant plein de simplicité, celui de Rimbaut. Il me rafraîchit un moment l'ame ce bon homme qui exprime la verte et plantureuse Normandie, en venant la rappeler à Robert au milieu de l'ivresse. Ainsi, la douceur de la patrie aimée nuance d'un filet brillant ce sombre début. Puis vient cette merveilleuse ballade en ut majeur, accompagnée du chœur en ut mineur, et qui dit si bien le sujet ?— *Je suis Robert !* éclate aussitôt. La fureur du prince offensé par son vassal n'est déjà plus une fureur naturelle ; mais elle va se calmer, car les souvenirs de l'enfance arrivent avec Alice par cet allégro en la majeur plein de mouvement et de grace. Entendez-vous les cris de l'innocence qui, en entrant dans ce drame infernal, y entre persécutée ?

— *Non, non !* chanta Gambara qui sut faire chanter son pulmonique piano. La patrie et ses émotions sont venues ! l'enfance et ses souvenirs ont refleuri dans le cœur de Robert ; mais voici l'ombre de la mère qui se lève accompagnée des suaves idées religieuses ! La religion anime cette belle romance en mi majeur, et dans laquelle se trouve une merveilleuse progression harmonique et mélodique sur les paroles :

Car dans les cieux comme sur la terre,
Sa mère va prier pour lui.

La lutte commence entre les puissances inconnues et le seul homme qui ait dans ses veines le feu de l'enfer pour lui résister. Et pour que vous le sachiez bien, voici l'entrée de Bertram, sous laquelle le grand musicien a plaqué en ritournelle à l'orchestre un rappel de la ballade de Rimbaut. Que d'art! quelle liaison de toutes les parties, quelle puissance de construction! Le diable est là-dessous, il se cache, il frétille. Avec l'épouvante d'Alice, qui reconnaît le diable du Saint-Michel de son village, le combat des deux principes est posé. Le thème musical va se développer, et par quelles phases variées? Voici l'antagonisme nécessaire à tout opéra fortement accusé par un beau récitatif, comme Gluck en faisait, entre Bertram et Robert.

Tu ne sauras jamais à quel excès je t'aime !

Cet ut mineur diabolique, cette terrible basse de Bertram entame son jeu de sape qui détruira tous les efforts de cet homme à tempérament violent. Là, pour moi, tout est effrayant : le crime aura-t-il le criminel ? le bourreau aura-t-il sa proie ? le malheur dévorera-t-il le génie de l'artiste ? la maladie tuera-t-elle le malade ? l'ange gardien préservera-t-il le chrétien ? Voici le finale, la scène de jeu où Bertram tourmente son fils en lui causant les plus terribles émotions. Robert dépouillé, colère, brisant tout, voulant tout tuer, tout mettre à feu et à sang, lui semble bien son fils, il est ressemblant ainsi. Quelle atroce gaieté dans le *je ris de tes coups* de Bertram ! Comme la barcarole vénitienne nuance bien ce finale! par quelles transitions hardies cette scélérate paternité rentre en scène pour ramener Robert au jeu! Ce début est accablant pour ceux qui développent les thèmes au fond de leur cœur en leur donnant l'étendue que le musicien leur a commandé de communiquer.

Il n'y avait que l'amour à opposer à cette grande symphonie chantée où vous ne surprenez ni monotonie, ni l'emploi d'un même moyen : elle est une et variée, caractère de tout ce qui est grand et naturel. Je respire, j'arrive dans la sphère élevée d'une cour galante; j'entends les jolies phrases fraîches et légèrement mélancoliques d'Isabelle, et le chœur de femmes en deux parties et en imitation qui sent un peu les teintes moresques de l'Espagne. En cet endroit, la terrible musique s'adoucit par des teintes molles, comme une tempête qui se calme, pour arriver à ce duo fleureté, coquet, bien modulé qui ne ressemble à rien de la musique précédente. Après les tumultes du camp des héros chercheurs d'aventures, vient la peinture de l'amour. Merci, poëte, mon cœur n'eût pas résisté plus long-temps. Si je ne cueillais pas là les marguerites d'un opéra-comique français, si je n'entendais pas la douce plaisanterie de la femme qui aime et console, je ne soutiendrais pas la terrible note grave sur laquelle apparaît Bertram, répondant à son fils ce : *Si je le permets!* quand il promet à sa princesse adorée de triompher sous les armes qu'elle lui donne. A l'espoir du joueur corrigé par l'amour, l'amour de la plus belle femme, car l'avez-vous vue cette Sicilienne ravissante, et son œil de faucon sûr de sa proie? (quels interprètes a trouvés le musicien!) à l'espoir de l'homme, l'enfer oppose le sien par ce cri sublime : *A toi, Robert de Normandie!* N'admirez-

vous pas la sombre et profonde horreur empreinte dans ces longues et belles notes écrites
pour *dans la forêt prochaine?* Il y a là tous les
enchantemens de la Jérusalem délivrée, comme
on en retrouve la chevalerie dans ce chœur à
mouvement espagnol et dans *le tempo di marcia.*
Que d'originalité dans cet allégro, modulation
des quatre timbales accordées (*ut ré, ut sol*)!
combien de graces dans l'appel au tournoi! Le
mouvement de la vie héroïque du temps est là
tout entier, l'ame s'y associe ; je lis un roman
de chevalerie et un poème. L'exposition est
finie! il semble que les ressources de la musique soient épuisées, vous n'avez rien entendu
de semblable, et cependant tout est homogène.

Vous avez aperçu la vie humaine dans sa seule
et unique expression : Serai-je heureux ou malheureux? disent les philosophes. Serai-je damné
ou sauvé? disent les chrétiens.

Ici Gambara s'arrêta sur la dernière note du

chœur, il la développa mélancoliquement, et
se leva pour aller boire un autre grand verre
de vin de *Giro*. Cette liqueur semi-africaine
ralluma l'incandescence de sa face, que l'exécution passionnée et merveilleuse de l'opéra
de Meyer-Beer avait fait légèrement pâlir.

— Pour que rien ne manque à cette composition, reprit-il, le grand artiste nous a lar-
gement donné le seul duo bouffe que pût se
permettre un démon : la séduction d'un pauvre
trouvère. Il a mis la plaisanterie à côté de l'horreur, une plaisanterie où s'abîme la seule réalité
qui se montre dans la sublime fantaisie de son
œuvre : les amours purs et tranquilles d'Alice
et de Rimbaut. Leur vie sera troublée par une
vengeance anticipée. Les ames grandes peuvent
seules sentir la noblesse qui anime ces airs
bouffes, vous n'y trouvez ni le papillotage
trop abondant de notre musique italienne, ni

le commun des ponts-neufs français. C'est quelque chose de la majesté de l'Olympe, il y a le rire amer d'une divinité, opposé à la surprise d'un trouvère qui se donjuanise. Sans cette grandeur, nous serions revenus trop brusquement à la couleur générale de l'opéra, empreinte dans cette horrible rage en septièmes diminuées qui se résout en une valse infernale et nous met enfin face à face avec les démons. Avec quelle vigueur le couplet de Bertram se détache en si mineur sur le chœur des enfers en nous peignant la paternité mêlée à ces chants démoniaques par un désespoir affreux! Quelle ravissante transition que l'arrivée d'Alice sur la ritournelle en si bémol! J'entends encore ces chants angéliques de fraîcheur, n'est-ce pas le rossignol après l'orage? La grande pensée de l'ensemble se retrouve ainsi dans les détails, car que pourrait-on opposer à cette agitation des démons grouillans dans leur trou, si ce n'est l'air merveilleux d'Alice :

Quand j'ai quitté la Normandie !

Le fil d'or de la mélodie court toujours le long de la puissante harmonie comme un espoir céleste, elle la brode, et avec quelle profonde habileté ! Jamais le génie ne lâche la science qui le guide. Ici le chant d'Alice se trouve en si bémol et se rattache au fa dièse, la dominante du chœur infernal. Entendez-vous le *tremolo* de l'orchestre, on demande Robert dans le cénacle des démons. Bertram rentre sur la scène, et là se trouve le point culminant de l'intérêt musical ! un récitatif comparable à ce que les grands maîtres ont inventé de plus grandiose, la chaude lutte en mi bémol où éclatent les deux athlètes : le ciel et l'enfer. L'un par : *oui, tu me connais !* sur une septième diminuée ; l'autre par son fa sublime : *le ciel est avec moi*. L'enfer et la croix sont en présence. Viennent les menaces de

Bertram à Alice, le plus violent pathétique du monde, le génie du mal s'étalant avec complaisance et s'appuyant comme toujours sur l'intérêt personnel. L'arrivée de Robert, qui nous donne le magnifique trio en la bémol sans accompagnement, établit un premier engagement entre les deux forces rivales et l'homme. Voyez comme il se produit nettement, dit Gambara en resserrant cette scène par une exécution passionnée qui saisit Andrea. Toute cette avalanche de musique, depuis les quatre temps de timbale, a roulé vers ce combat des trois voix. La magie du mal triomphe! Alice s'enfuit et vous entendez le duo en ré entre Bertram et Robert. Le diable lui enfonce ces griffes au cœur, il le lui déchire pour se le mieux approprier, il se sert de tout : honneur, espoir, jouissances éternelles et infinies, il fait tout briller à ses yeux, il le met, comme Jésus, sur le pinacle du temple et lui montre tous les joyaux de la terre, l'écrin du mal, il le pique au jeu du courage, et les beaux sentimens de l'homme éclatent dans ce cri :

> *Des chevaliers de ma patrie*
> *L'honneur toujours fut le soutien !*

Enfin, pour couronner l'œuvre, voilà le thème qui a si fatalement ouvert l'opéra, le voilà, ce chant principal, dans la magnifique évocation des ames :

> *Nonnes, qui reposez sous cette froide pierre,*
> *M'entendez-vous ?*

Glorieusement parcourue, la carrière musicale est glorieusement terminée par *l'allegro vivace* de la bacchanale en ré mineur. Voici bien le triomphe de l'enfer ! Roule musique, enveloppe-nous de tes plis redoublés, roule et séduis ! Les puissances infernales ont saisi leur proie, elles la tiennent, elles dansent. Ce beau

génie destiné à vaincre, à régner, le voilà
perdu ! les démons sont joyeux, la misère
étouffera le génie, la passion perdra le chevalier.

Ici Gambara développa la bacchanale pour son
propre compte, en improvisant d'ingénieuses
variations et s'accompagnant d'une voix mélancolique comme pour exprimer les intimes
souffrances qu'il avait ressenties.

— Entendez-vous les plaintes célestes de
l'amour négligé ? Isabelle appelle Robert au milieu du grand chœur des chevaliers allant au tournoi, et où reparaissent les motifs du second
acte, afin de bien faire comprendre que le
troisième acte s'est accompli dans une sphère
surnaturelle. La vie réelle reprend. Ce chœur
s'apaise à l'approche des enchantemens de l'enfer qu'apporte Robert avec le talisman, les pro·

diges du troisième acte vont se continuer. Ici
vient le duo du viol où le rhythme indique
bien la brutalité des désirs d'un homme qui
peut tout, et où la princesse, par des gémis-
semens plaintifs, essaie de rappeler son amant
à la raison. Là, le musicien s'était mis dans une
situation difficile à vaincre, et il a vaincu par
le plus délicieux morceau de l'opéra. Quelle adorable mélodie dans la cavatine de *grâce pour toi!*
Les femmes en ont bien saisi le sens, elles se
voyaient toutes étreintes, et saisies sur la scène.
Ce morceau seul ferait la fortune de l'opéra,
car elles croyaient être toutes aux prises avec
quelque violent chevalier. Jamais il n'y a eu
de musique plus passionnée ni plus dramatique.
Le monde entier se déchaîne alors contre le
réprouvé!

On peut reprocher à ce finale sa ressem-
blance avec celui de Don Juan, mais il y a dans

la situation cette énorme différence qu'il y éclate une noble croyance en Isabelle, un amour vrai qui sauvera Robert ; il repousse dédaigneusement la puissance infernale qui lui est confiée, tandis que Don Juan persiste dans ses incrédulités. Ce reproche est d'ailleurs commun à tous les compositeurs qui depuis Mozart ont fait des finales. Le finale de Don Juan est une de ces formes classiques trouvées pour toujours.

Enfin la religion se lève toute-puissante avec sa voix qui domine les mondes, qui appelle tous les malheurs pour les consoler, tous les repentirs pour les réconcilier. La salle entière s'est émue aux accens de ce chœur :

> *Malheureux ou coupables,*
> *Hâtez-vous d'accourir !*

Dans l'horrible tumulte des passions déchaî-

nées , la voix sainte n'eût pas été entendue ;
mais en ce moment critique, elle peut tonner
la divine Eglise Catholique , elle se lève brillante de clartés. Là, j'ai été étonné de trouver
après tant de trésors harmoniques une veine
nouvelle où le compositeur a rencontré le morceau capital de : *Gloire à la Providence!* écrit
dans la manière de Hendel. **Arrive Robert**,
éperdu, déchirant l'ame avec son : *Si je pouvais
prier.* Poussé par l'arrêt des enfers, Bertram
poursuit son fils et tente un dernier effort.
Alice vient faire apparaître la mère , vous entendez alors le grand trio vers lequel a marché
l'opéra: le triomphe de l'ame sur la matière ,
de l'esprit du bien sur l'esprit du mal. Les
chants religieux dissipent les chants infernaux,
le bonheur se montre splendide; mais ici la
musique a faibli : j'ai vu une cathédrale au lieu
d'entendre le concert des anges heureux, quelque divine prière des ames délivrées applau-

dissant à l'union de Robert et d'Isabelle. Nous ne devions pas rester sous le poids des enchantemens de l'enfer, nous devions sortir avec une espérance au cœur. A moi, musicien catholique, il me fallait une autre prière de Mosé. J'aurais voulu savoir comment l'Allemagne aurait lutté contre l'Italie, ce que Meyer-Beer aurait fait pour rivaliser avec Rossini. Cependant, malgré ce léger défaut, l'auteur peut dire qu'après cinq heures d'une musique aussi substantielle, un Parisien préfère une décoration à un chef-d'œuvre musical ! Vous avez entendu les acclamations adressées à cette œuvre, elle aura deux cents représentations ! Si les Français ont compris cette musique.....

— C'est parce qu'elle offre des idées, dit le comte.

— Non, c'est parce qu'elle présente avec autorité l'image des luttes où tant de gens expirent, et parce que toutes les existences individuelles peuvent s'y rattacher par le souvenir. Aussi, moi, malheureux, aurais-je été satisfait d'entendre ce cri des voix célestes que j'ai tant de fois rêvé.

Aussitôt Gambara tomba dans une extase musicale, et improvisa la plus mélodieuse et la plus harmonieuse cavatine que jamais Andrea devait entendre, un chant divin divinement chanté dont le thème avait une grace comparable à celle de l'*O filii et filiæ*, mais plein d'agrémens que le génie musical le plus élevé pouvait seul trouver. Le comte resta plongé dans l'admiration la plus vive: les nuages se dissipaient, le bleu du ciel s'entr'ouvrait, des figures d'anges apparaissaient et levaient les voiles qui cachent le sanctuaire, la lumière du ciel tombait à torrens. Bientôt le silence ré-

gna. Le comte, étonné de ne plus rien entendre, contempla Gambara, qui, les yeux
fixes et dans l'attitude des tériakis, balbutiait
le mot *Dieu!* Le comte attendit que le compositeur descendît des pays enchantés où il était
monté sur les ailes diaprées de l'inspiration, et
résolut de l'éclairer avec la lumière qu'il en
rapporterait.

— Hé bien, lui dit-il en lui offrant un autre
verre plein et trinquant avec lui, vous voyez
que cet Allemand a fait selon vous un sublime
opéra sans s'occuper de théorie, tandis que les
musiciens qui écrivent des grammaires peuvent comme les critiques littéraires être de
détestables compositeurs.

— Vous n'aimez donc pas ma musique!

— Je ne dis pas cela, mais si au lieu de viser
à exprimer des idées, et si au lieu de pousser

à l'extrême le principe musical, ce qui vous fait dépasser le but, vous vouliez simplement réveiller en nous des sensations, vous seriez mieux compris, si toutefois vous ne vous êtes pas trompé sur votre vocation. Vous êtes un grand poëte.

— Quoi! dit Gambara, vingt-cinq ans d'études seraient inutiles! Il me faudrait étudier la langue imparfaite des hommes, quand je tiens la clé du *verbe céleste!* Ah! si vous aviez raison, je mourrais...

— Vous, non. Vous êtes grand et fort, vous recommenceriez votre vie, et moi je vous soutiendrais. Nous offririons la noble et rare alliance d'un homme riche et d'un artiste qui se comprennent l'un l'autre.

· Etes-vous sincère? dit Gambara frappé d'une soudaine stupeur.

— Je vous l'ai déjà dit, vous êtes plus poète que musicien.

— Poète! poète! Cela vaut mieux que rien. Dites-moi la vérité, que prisez-vous le plus de Mozart ou d'Homère?

— Je les admire à l'égal l'un de l'autre.

— Sur l'honneur?

— Sur l'honneur.

— Hum! encore un mot. Que vous semble de Meyerbeer et de Byron?

— Vous les avez jugés en les rapprochant ainsi.

La voiture du comte était prête, le compositeur et son noble médecin franchirent rapidement les marches de l'escalier, et arrivèrent en peu d'instans chez Marianna. En entrant, Gambara se jeta dans les bras de sa femme, qui

recula d'un pas en détournant la tête, le mari
fit également un pas en arrière, et se pencha
sur le comte.

— Ah ! monsieur, dit-il d'une voix sourde,
au moins fallait-il me laisser ma folie. Puis il
baissa la tête et tomba.

— Qu'avez-vous fait ? Il est ivre-mort, s'écria
Marianna en jetant sur le corps un regard où
la pitié combattait le dégoût.

Le comte aidé par son valet releva Gambara,
qui fut posé sur son lit. Andrea sortit, le cœur
plein d'une horrible joie. Le lendemain, il
laissa passer l'heure ordinaire de sa visite, il
commençait à craindre d'avoir été dupe de lui-
même, et d'avoir vendu un peu cher l'aisance
et la sagesse à ce pauvre ménage, dont il avait
troublé la paix.

Giardini parut enfin, porteur d'un mot de Marianna.

« Venez, écrivait-elle, le mal n'est pas aussi » grand que vous l'auriez voulu, cruel! »

— Excellence, dit le cuisinier pendant qu'Andrea faisait sa toilette, vous nous avez traités magnifiquement hier au soir, mais convenez qu'à part les vins qui étaient excellens, votre maître-d'hôtel ne nous a pas servi un plat digne de figurer sur la table d'un vrai gourmet. Vous ne nierez pas non plus, je suppose, que le mets qui vous fut servi chez moi le jour où vous me fîtes l'honneur de vous asseoir à ma table ne renfermât la quintessence de tous ceux qui salissaient hier votre magnifique vaisselle. Aussi ce matin me suis-je éveillé en songeant à la promesse que vous m'avez faite d'une place de chef, et je me regarde comme attaché maintenant à votre maison.

— La même pensée m'est venue il y a quelques jours, répondit Andrea. J'ai parlé de vous au secrétaire de l'ambassade d'Autriche, et vous pouvez désormais passer les Alpes quand bon vous semblera. J'ai un château en Croatie où je vais rarement, là vous cumulerez les fonctions de concierge, de sommelier et de maître-d'hôtel, à deux cents écus d'appointement. Ce traitement sera aussi celui de votre femme, à qui le surplus du service est réservé. Vous pourrez vous livrer à des expériences *in animâ vili*, c'est-à-dire sur l'estomac de mes vassaux. Voici un bon sur mon banquier pour vos frais de voyage.

Giardini baisa la main du comte, suivant la coutume napolitaine.

— Excellence, lui dit-il, j'accepte le bon sans accepter la place, ce serait me déshonorer que

d'abandonner mon art, en déclinant le jugement des plus fins gourmets qui, décidément,
sont à Paris.

Quand Andrea parut chez Gambara, celui-
ci se leva et vint à sa rencontre.

— Mon généreux ami, dit-il de l'air le plus
ouvert, ou vous avez abusé hier de la faiblesse
de mes organes, pour vous jouer de moi, ou
votre cerveau n'est pas plus que le mien à l'é-
preuve des vapeurs natales de nos bons vins
du Latium. Je veux m'arrêter à cette dernière
supposition, j'aime mieux douter de votre estomac que de votre cœur. Quoi qu'il en soit, je
renonce à jamais à l'usage du vin, dont l'abus
m'a entraîné hier au soir dans de bien coupables
folies. Quand je pense que j'ai failli... (il jeta
un regard d'effroi sur Marianna). Quant au
misérable opéra que vous m'avez fait entendre,

j'y ai bien songé, c'est toujours de la musique
faite par les moyens ordinaires, c'est toujours
des montagnes de notes entassées, *verba et voces;*
c'est la lie de l'ambroisie que je bois à longs
traits en rendant la musique céleste que j'entends! Ce sont des phrases hachées dont j'ai
reconnu l'origine. Le morceau de : *Gloire à la
Providence!* ressemble un peu trop à un morceau
de Hendel, le chœur des chevaliers allant au
combat est parent de la Dame-Blanche ; enfin
si l'opéra plaît tant, c'est que la musique est
de tout le monde, aussi doit-elle être populaire.
Je vous quitte, mon cher ami, j'ai depuis ce
matin dans ma tête quelques idées qui ne de-
mandent qu'à remonter vers Dieu sur les ailes
de la musique; mais je voulais vous voir et
vous parler. Adieu, je vais demander mon pardon à la muse. Nous dînerons ce soir ensemble,
mais point de vin, pour moi du moins. Oh! j'y
suis décidé.

— J'en désespère, dit Andrea en rougissant.

— Ah! vous me rendez ma conscience, s'é-
cria Marianna! je n'osais plus l'interroger.
Mon ami! mon ami, ce n'est pas notre faute,
il ne veut pas guérir.

CONCLUSION.

Six ans après, en janvier 1837, la plupart des artistes qui avaient le malheur de gâter leurs instrumens à vent ou à cordes, les apportaient rue Froidmanteau dans une infâme et horrible maison où demeurait au cinquième étage un

vieil Italien nommé Gambara. Depuis cinq ans,
cet artiste avait été laissé à lui-même et aban-
donné par sa femme. Il lui était survenu bien
des malheurs. Un instrument sur lequel il comp-
tait pour faire fortune, et qu'il nommait le *Panharmonicon*, avait été vendu par autorité de
justice sur la place du Châtelet, ainsi qu'une
charge de papier réglé, barbouillé de notes
de musique. Le lendemain de la vente ces partitions avaient enveloppé à la Halle du beurre,
du poisson, des fruits. Ainsi, trois grands opéras
dont parlait ce pauvre homme, mais qu'un
ancien cuisinier napolitain devenu simple regratier, disait être un amas de sottises, avaient
été disséminés dans Paris et dévorés par les
éventaires des revendeuses. N'importe, le pro-
priétaire de la maison avait été payé de ses
loyers, et les huissiers de leurs frais. Au dire
du vieux regratier napolitain qui vendait aux
filles de la rue Froidmanteau les débris des

repas les plus somptueux faits en ville, la
signora Gambara avait suivi en Italie un
grand seigneur milanais, et personne ne pouvait savoir ce qu'elle était devenue. Fatiguée de
quinze années de misère, elle ruinait peut-être
ce comte par un luxe exorbitant, car ils s'ado-
raient l'un l'autre si bien que dans le cours de
sa vie le Napolitain n'avait pas eu l'exemple
d'une semblable passion.

Vers la fin de ce même mois de janvier, un
soir que Giardini le régratier causait, avec une
fille qui venait chercher à souper, de cette divine Marianna, si pure et si belle, si noblement
dévouée, *et qui cependant avait fini comme toute s
les autres*, la fille, le régratier et sa femme
aperçurent dans la rue une femme maigre,
au visage noirci, poudreux, un squelette
nerveux et ambulant qui regardait les nu-
méros et cherchait à reconnaître une maison.

— *Ecco la Marianna* , dit en italien le regratier.

Marianna reconnut le restaurateur napolitain
Giardini dans le pauvre revendeur, sans s'expliquer par quels malheurs il était arrivé à tenir
une misérable boutique de *regrat*. Elle entra,
s'assit, car elle venait de Fontainebleau; elle
avait fait quatorze lieues dans la journée, et
avait mendié son pain depuis Turin jusqu'à
Paris. Elle effraya cet effroyable trio! De sa
beauté merveilleuse, il ne lui restait plus que
deux beaux yeux malades et éteints. La seule
chose qu'elle trouvât fidèle était le malheur.
Elle fut bien accueillie par le vieux et habile
raccommodeur d'instrumens qui la vit entrer
avec un indicible plaisir.

— Te voilà donc, ma pauvre Marianna! lui
dit-il avec bonté. Pendant ton absence, *ils*

ils m'ont vendu mon instrument et mes opéras!

Il était difficile de tuer le veau gras pour le retour de la Samaritaine, mais Giardini donna un restant de saumon, la fille paya le vin, Gambara offrit son pain, la signora Giardini mit la nappe, et ces infortunes si diverses soupèrent dans le grenier du compositeur. Interrogée sur ses aventures, Marianna refusa de répondre, et leva seulement ses beaux yeux vers le ciel en disant à voix basse à Giardini : — *Marié avec une danseuse!*

— Comment allez-vous faire pour vivre? dit la fille. La route vous a tuée et...

— Et vieillie, dit Marianna. Non, ce n'est ni la fatigue, ni la misère, mais le chagrin.

— Ah ça! pourquoi n'avez-vous rien envoyé à votre homme? lui demanda la fille.

Marianna ne lui jeta qu'un coup d'œil, et la fille en fut atteinte au cœur.

— Elle est fière, excusez du peu! s'écria-t-elle. A quoi ça lui sert-il ? dit-elle à l'oreille de Giardini.

Dans cette année, les artistes furent pleins de précaution pour leurs instrumens, les raccommodages ne suffirent pas à défrayer ce pauvre ménage; la femme ne gagna pas non plus grand chose avec son aiguille, et les deux époux durent se résigner à utiliser leurs talens dans la plus basse de toutes les sphères. Tous deux sortaient le soir à la brune et allaient aux Champs-Elysées y chanter des duos que Gambara, le pauvre homme ! accompagnait sur une

méchante guitare. En chemin , sa femme, qui
pour ces expéditions mettait sur sa tête un mé-
chant voile de mousseline, conduisait son mari
chez un épicier du faubourg Saint-Honoré, lui
faisait boire quelques petits verres d'eau-de-
vie et le grisait ; autrement, il eût fait de mauvaise musique. Tous deux se plaçaient devant
le beau monde assis sur des chaises, et l'un des
plus grands génies de ce temps, l'Orphée inconnu de la musique moderne, exécutait des
fragmens de ses partitions , et ces morceaux
étaient si remarquables qu'ils arrachaient quelques sous à l'indolence parisienne. Quand un
dilettante des bouffons, assis là par hasard, ne
reconnaissait pas de quel opéra ces morceaux
étaient tirés, il interrogeait la femme habillée
en prêtresse grecque qui lui tendait un rond à
bouteille en vieux moiré métallique où elle re-
cueillait les aumônes.

— Ma chère, où prenez-vous cette musique?

— Dans l'opéra de *Mahomet*, répondait Marianna.

Comme Rossini a composé un *Mahomet II*, le dilettante disait alors à la femme qui l'accompagnait : — Quel dommage que l'on ne veuille pas nous donner aux Italiens les opéras de Rossini que nous ne connaissons pas! car voilà, certes, de la belle musique.

Gambara souriait.

Il y a quelques jours, il s'agissait de payer la misérable somme de trente-six francs pour le loyer des greniers où demeure le pauvre couple résigné. L'épicier n'avait pas voulu faire crédit de l'eau-de-vie avec laquelle la femme grisait son mari pour le faire bien jouer. Il fut alors si détestable que les oreilles de la population riche furent ingrates, et le rond de moiré métallique revint vide. Il était neuf heures du soir, une belle Italienne, la *principessa* Massimilla di Varese, eut pitié de ces pauvres gens, elle leur donna quarante francs et les questionna en reconnaissant au remercîment de la femme qu'elle était Vénitienne. Le prince Emilio leur demanda l'histoire de leurs malheurs. Marianna la dit sans aucune plainte contre le ciel ni contre les hommes.

—Madame, dit en terminant Gambara, qui n'était pas gris, nous sommes victimes de notre propre supériorité. Ma musique est belle, mais quand la musique passe de la sensation à l'idée, elle ne peut avoir que des gens de génie pour auditeurs, car eux seuls ont la puissance de la développer. Mon malheur vient d'avoir écouté les concerts des anges et d'avoir cru que les hommes pouvaient les comprendre. Il en arrive autant aux femmes quand chez elles l'amour prend des formes divines, les hommes ne les comprennent plus.

Cette phrase valait les quarante francs qu'avait donnés la Massimilla ; aussi tira-t-elle de sa bourse une autre pièce d'or en disant à Marianna qu'elle écrirait à Andrea Marcosini.

— Ne lui écrivez pas, madame, dit Marianna, et que Dieu vous conserve toujours belle.

En voyant la pièce d'or, le vieux Gambara pleura. Puis il lui vint une réminiscence de ses anciens travaux scientifiques, et le pauvre compositeur dit en essuyant ses larmes une phrase que la circonstance rendit touchante : **L'eau est un corps brûlé**.

FIN.

TABLE.

TABLE

DU DEUXIÈME VOLUME.

FIN DE LA TABLE.

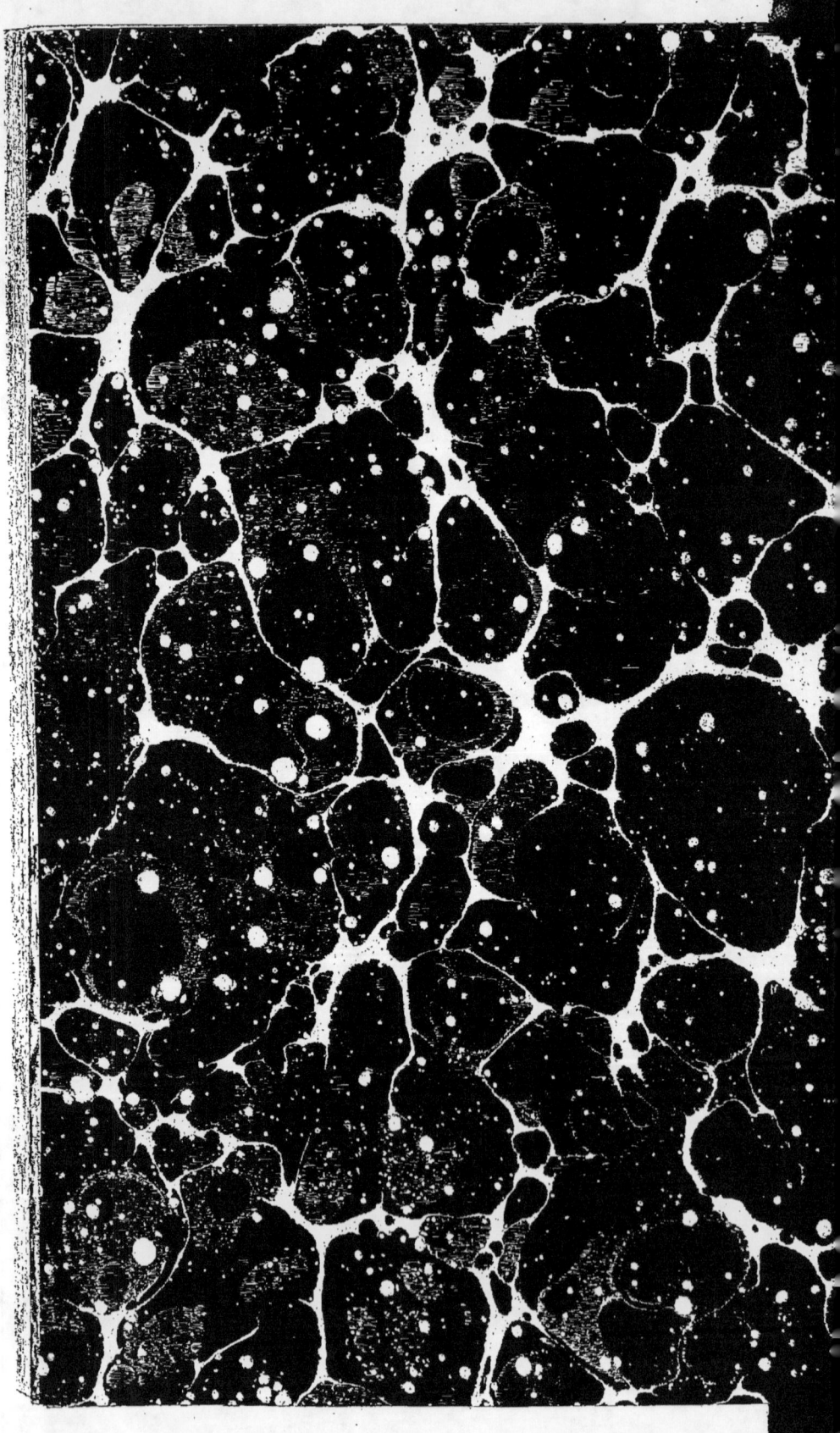

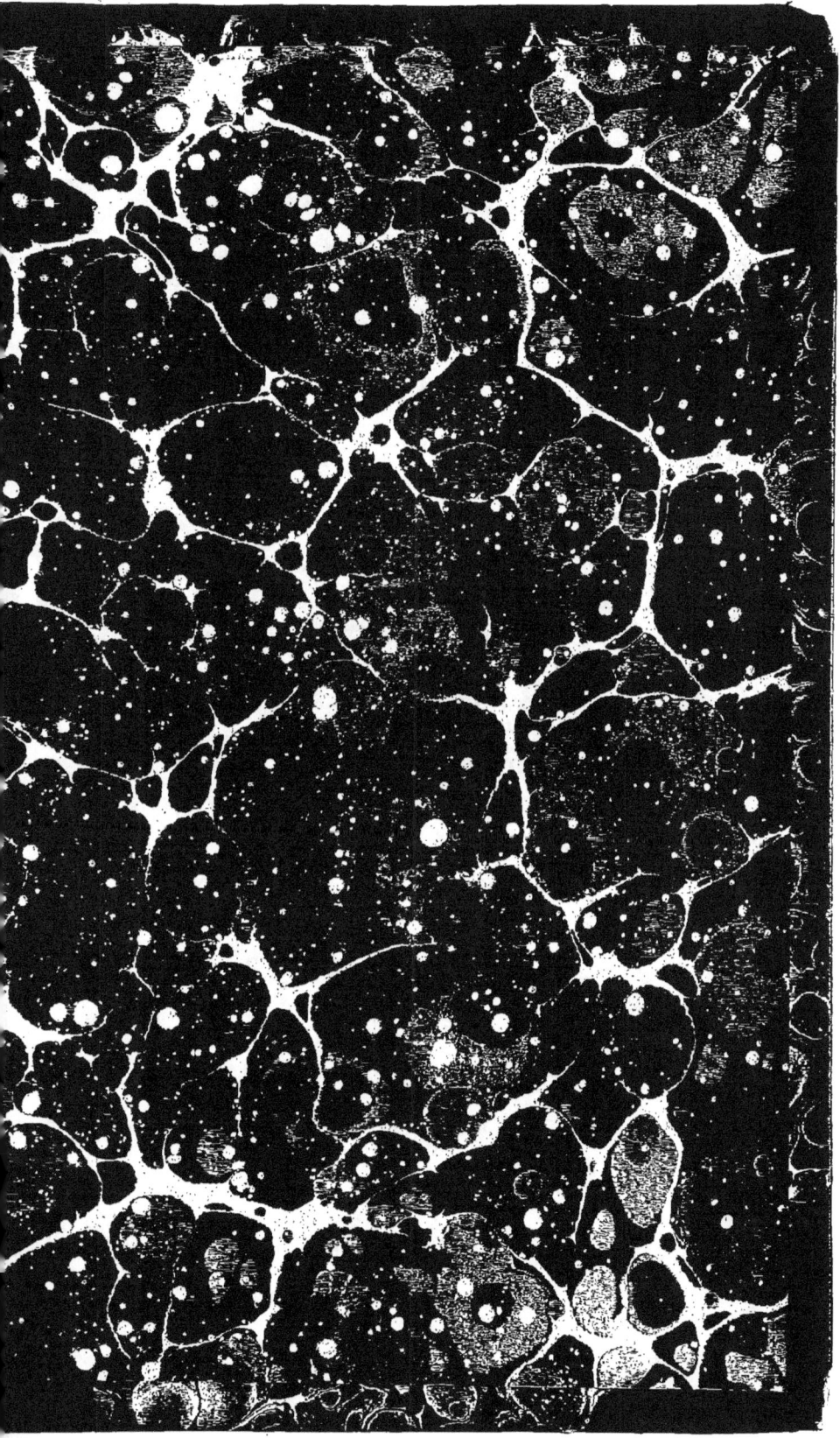